D1755930

BETTINA REICHL
federleicht
POESIE & POETRY

federleicht Poesie & Poetry ist ein fiktionales Werk.
Namen, Charaktere, Orte und Ereignisse
sind der Phantasie der Autorin entsprungen,
oder werden fiktiv verwendet.
Jegliche Ähnlichkeit mit tatsächlichen Ereignissen, Orten oder Personen,
lebend oder tot, ist rein zufällig.

federleicht Poesie & Poetry is a work of fiction.
Names, characters, places, and incidents are the products
of the author's imagination or are used fictitiously.
Any resemblance to actual events, locales, or persons,
living or dead, is entirely coincidental.

Alle Rechte vorbehalten. Kein Teil dieser Veröffentlichung darf ohne schriftliche Genehmigung von Bettina Reichl in irgendeiner Form oder mit irgendwelchen Mitteln, elektronisch oder mechanisch, einschließlich Fotokopien, Aufzeichnungen, einem Informationsspeicher- oder -abrufsystem, reproduziert oder übertragen werden.

All rights reserved. No part of this publication may be reproduced or transmitted in any form or by any means, electronic or mechanical, including photocopying, recording, or any information storage or retrieval system, without permission in writing from Bettina Reichl.

Copyright © Bettina Reichl, 2023

www.BettinaReichl.com

federleicht - Poesie & Poetry

1. Auflage
Zürich 2023

International ISBN 978-3-033-10131-9
Printed in Germany on acid-free paper
Printed and bound in Germany by Frischmann Druck und Medien

Book design by Bettina Reichl, Zurich
Cover image (foto): Photographed by CREATIONSTUDIO.CH
reproduced by kind permission of Patrizio Di Renzo
Editing of English texts: thank you to Nikki Fritz
Editing of French texts: thank you to Laurent Augais

Freue mich sehr über Anfragen, wenn ein Text vertont werden möchte.

BETTINA REICHL
federleicht
POESIE & POETRY

„Walhalla"
120 CM X 100 CM

BETTINA REICHL
federleicht
POESIE & POETRY

"Wonder."
INSPIRIERT VON UND ZITIERT AUS:
TOWLES, AMOR: RULES OF CIVILITY. LONDON: PENGUIN BOOKS, 2012. S. 276.
120 CM X 100 CM

BETTINA REICHL
federleicht
POESIE & POETRY

FÜR FLORIAN

BETTINA REICHL
federleicht
POESIE & POETRY

VERWANDLE MEINE WORTE ZU MUSIK - TURN MY WORDS INTO MUSIC

Die Gedichte haben noch keine hörbare Melodie.
Wer als Komponist,
als Band,
als Sänger
eine Melodie fühlt,
es würde mich sehr freuen,
die Texte vertont zu hören.

The poems do not yet have an audible melody.
Whoever as a composer,
as a band,
as a singer
feels a melody,
it would make me very happy,
to hear the lyrics set to music.

BETTINA REICHL
federleicht
POESIE & POETRY

"Shouldn't you?"
inspiriert durch und zitiert aus:
Egan, Jennifer: Manhattan Beach. 1. Auflage. New York: Scribner, 2017. S. 23.
120 cm x 100 cm

www.BettinaReichl.com

federleicht

BETTINA REICHL
federleicht

POESIE & POETRY

BETTINA REICHL
federleicht
POESIE & POETRY

INHALTSVERZEICHNIS - CONTENTS

INHALTSVERZEICHNIS - CONTENTS	10
ANMERKUNG - AUTHOR'S NOTE	12
ES ENTSTEHT EIN LIED GANZ LEISE	16
REDEN, FRIEDEN, HÄNDE GEBEN!	18
THERE IS A BOY, THERE IS A GIRL	20
THE TRUTH IS	22
FRIENDLY FIRE	24
ZUM SCHLAGZEUG GEIGEN	28
MARKS	30
BAUHAUS	34
WALHALLA	36
MY MATCHES	38
ER SCHENKT MIR EIN BUCH	40
DIE GEDULD	42
DIE PROVOZIERT NICHT	44
FLORIAN	48
SICH TRAUEN	50
NO YOU	52
VERLEUGNET	54
ROSA LESEBAND	56
WENN ES AUS IST	58
SIE	60
YOUR HOUSE IS HER PENIS	62
TOXISCH	64
DIE TRAURIGKEIT MICH ÜBERSCHWEMMT	66
DAS REH	68
WAS SOLLS	70
Sucht und sucht	72
DER FUCHS	74
DIE MUSE	76
ICH WÜNSCH MIR DIE WELT	78
AUF DER AUTOBAHN	80
WOAST WOS I MOAN	82
WIE GROSS IST DEINE LIEBE?	84
DU HAST DIE TRAURIGKEIT NICHT FÜR DICH ALLEIN GEPACHTET	86
DIE GNADE	89
OBACHT	90
FRUCHTBARE JAHRE	92
ER HAT NICHT DEN MUT ZUR LIEBE	94
ENT - FLO	96
DIE ÄSTHETIK DES HÄSSLICHEN	100
ALLEEN UND FENSTER	101
MY FRENCH	110
AND SHE IS ROSÉ	112
IN ALL MY BOOKS	114
I'M HERE	116
TURNED THE POEM INTO A SONG	118
MAKE OTHER PEOPLE DANCE	120
IM FLUSS	122
LIKE A TREE	124
KONDITOREI OPERA	126
MEINE FREUNDE SIND MEIN REICHTUM	128
WEGEN DIR	142
SHOULD HAVE BEEN NICER TO MY CAT	144

BETTINA REICHL
federleicht
POESIE & POETRY

THE CHANCE	146
DU KANNST	148
FRENCH	150
NACHBARN	152
DIE ARROGANZ DER MÜTTER	154
ZÜRICH DEINE KÜNSTLER	158
SEI MEIN	178
COME ON	180
CALL MY LOVE	182
TELL YOUR MAMA	184
WITHOUT COMPROMISE	186
IN LOVE	188
NUR	190
FAMILY TREE	192
THAT'S IT	194
ME	196
MILAS FREUNDIN FABI	198
A MASTERPIECE	200
WORK WITH A SPARK	202
DIE KLINIKLEITUNG SPRICHT	208
DAS TREPPENHAUS	209
MEIN ARBEITSWEG	210
EINE LIEBESGESCHICHTE IN BILD UND WORT	212
UNE HISTOIRE D'AMOUR EN TEXTE ET EN IMAGE	214
KÜNSTLER DER MEDIZIN	216
THE LION	250
MALE DEINEN SCHWAN - PAINT YOUR SWAN	254
DIE POESIE	256
A TRIBUTE TO MY FAVORITE POET	258
205	264
STERNENKINDER	265
IM VERTRAUEN	266
LICHT	268
HORROR	270
TROST	272
DAHOAM	274
DURCH SCHNEE UND FEUER	276
SEHR ZUM WOHL	278
MEIN COUSIN CHRISTCHI	280
ONKEL SEPP	282
MANU	284
EMMA	288
MORITZ	290
PASCAL	292
INTERNATIONAL AMNESIA	294
ES GIBT SIE NOCH	296
AND WHEN IT'S TIME	298
2023	300
ICH KOMM VON EINEM LAND	306
GÄUBODENVOLKSFEST	308
UNGELIEBT	310
ZAUNKÖNIGLIED	320
AND WHEN I DIE	322
DANKSAGUNG	324

BETTINA REICHL
federleicht
POESIE & POETRY

ANMERKUNG - AUTHOR'S NOTE

"Ich male Menschen in der Farbe, die sie wären, wenn sie eine Farbe wären. Ihre Energie, ihre Melodie.
Ich male Hühner und andere Tiere, ihre Seele, die tief ist und voller Schönheit.
Ich male Landschaften, wie ich sie fühle. Ihre Atmosphäre, ihre Stimmung.
Ich male Musik als Gemälde, wie sie sich anhört, in den Farben der Melodie, wie ich sie fühle.
Ich male Bücher auf Leinwand, benenne sie nach einem Satz und zitiere sie in der Quellenangabe,
so dass jener, der es als Buchempfehlung versteht, meine Meinung, meine Einstellung,
meine Empfindung begreift, weshalb ich dieses Buch wert finde, gelesen zu werden,
warum ich diesem Buch ein Bild widme.
Ich male, wen und was ich liebe. Das bin ich. Federleicht. Bettina Reichl
Ich male nur, wenn ich glücklich bin. Ich schreibe auch, wenn ich es nicht bin."

"I paint people in the color they would be if they were a color. Their energy, their melody.
I paint animals, their souls, which are deep and full of beauty.
I paint landscapes as I feel them. Their atmosphere, their mood.
I paint music as a painting as it sounds, in the colors of the melody as I feel it.
I paint books on canvas, name them after one sentence and quote them in the bibliography, so that who understands it as a recommendation gets a hint of my opinion, my view, my feeling, why I find this book worth reading, why I dedicate a picture to this book.
I paint who and what I love. That's me. *federleicht* - Light as a feather. Bettina Reichl
I only paint when I am happy. I write, also when I am not."

«Je peins les gens dans la couleur qu'ils seraient s'ils étaient une couleur. Leur énergie, leur mélodie.
Je peins les animaux, leur âme, profonde et pleine de beauté.
Je peins les paysages comme je les ressens. Leur ambiance, leur humeur.
Je peins la musique comme une peinture telle qu'elle sonne, aux couleurs de la mélodie telle que je la ressens.
Je peins des livres et les nomme d'après une phrase, je les cite dans la source et que celui qui l'entend comme une recommandation comprenne mon opinion, mon attitude, mon sentiment,
ce pourquoi je trouve ce livre vaut la peine d'être lu, et surtout pourquoi je lui consacre une image.
Je peins qui et ce que j'aime. C'est moi. *federleicht* - Léger comme une plume. Bettina Reichl
Je peins lorsque je suis heureuse. J'écris, même si je ne le suis pas.»

BETTINA REICHL
federleicht
POESIE & POETRY

„We can't escape who we are."
inspiriert von und zitiert aus:
Tartt, Donna: The Goldfinch. London: Abacus, 2015. S. 863.
120 cm x 100 cm

„Rondine"
120 cm x 100 cm

BETTINA REICHL
federleicht
POESIE & POETRY

„Ada Vittoria und Ambra Viviana"
120 cm x 100 cm

ES ENTSTEHT EIN LIED GANZ LEISE

Mein Gott es gibt so viele Namen,
die einmal ein Lied bekamen.

Jeden kann es erwischen,
der einmal lag auf meinem Kissen.

Jeder der mein Herz berührt,
oder eine Leere spürt.

Der gemein war,
oder frech.

Der witzig war,
dass ich abbrech'.

Der mich zur Verzweiflung treibt,
oder meinen Namen in den Himmel schreibt.

Mein Gott, wenn es mich überkommt,
nehm ich den Stift und prompt

fallen die Wörter auf das Blatt.
Die Zeilen füllen sich mir ihnen satt.

Seitenweise
zieht die Tinte ihre Kreise

und es entsteht ein Lied
ganz leise.

„Liselotte"
120 cm x 100 cm

BETTINA REICHL
federleicht
POESIE & POETRY

REDEN, FRIEDEN, HÄNDE GEBEN!

Ich möcht nichts über Drogen schreiben,
über Rausch
und über Leiden,

über Einsamkeit
und Stress,
hate Anglizismen
- I confess.

Über Rache
und Gewalt,
Leere, Angst und bald

möcht ich nur noch singen,
dass FROHE LIEDER durch die Lande KLINGEN.

Möcht,
dass VÖGEL
wieder FLIEGEN,
EIER legen,
JUNGE kriegen.

Möcht,
dass WÄLDER wieder GRÜN,
BLUMEN auf den WIESEN BLÜHN.

Möcht,
dass KINDER HÜPFEN,
FRÖHLICH stampfen in die Pfützen.

Möcht,
dass BÄUCHE
SCHWANGER gehen.

Und die MENSCHEN
HERZEN sehen.

ROSA soll die WELT sich tauchen,
Schornsteine WOHLIGER HEIME rauchen.

Möcht Leute sehen,
die LACHEN
Und UNGENIERT Faxen machen.

Möcht
Frauen sehen,
die FESCH SPAZIEREN gehen.

Möcht Männer,
die die TÜR AUFHALTEN
und Ober,
die Servietten falten.

SCHMETTERLINGE,
die im FLIEDER walten
und BUNT gekleidete Gestalten
mit OFFENEN Haaren
KÖSTLICHE Getränke halten.

OFFEN sind,
für Raum und ZEIT
freundlich für die MENSCHHEIT.

Sich WOHL FÜHLEN
und sich einsetzen,
dass besser wird
und gut sein darf, was besser bleibt.

Und MUT haben
die ZUKUNFT zu tragen.

Lasst uns WAHRE WORTE reden,
nicht nur von, sondern in FRIEDEN.

Lasst uns ZUGEWANDT die HÄNDE GEBEN.
Für alle, dies noch nicht verstehen:

REDEN,
FRIEDEN,
HÄNDE GEBEN!

BETTINA REICHL
federleicht
POESIE & POETRY

„Friedenstaube Frieda"
100 cm x 120 cm

THERE IS A BOY, THERE IS A GIRL

There is a boy,
there is a girl,
there is a love.
Somehow, it isn't fair for sure,
they got in a way separated,
that a little part of her is already above.

The most part of him
is up there, too.
I mean his heart.
It's all with her,
what remains down here,
seems not worth to care.

His job,
he tries to stay occupied,
not to be at home,
he stays out after midnight.

The weekends,
gosh!
How live through them?
What else - always occupied.
There's always a flight.

Step in the plane.
There are cities enough.
He stays busy and well entertained,
otherwise - it's rough.

He seems to have forgotten,
how he was before,
or he knows it too well
and that would hurt him even more.

His voice got so quiet,
that I would have to get close to listen,
but he doesn't let me get so far,
the wall, so wide, is already risen.

On weekends, too,
when he's even there,
he's going out to drink with friends,
socializing in a blur
- the only way to bear.

„Lake Tahoe"
120 cm x 100 cm

BETTINA REICHL
federleicht
POESIE & POETRY

There is a boy,
there is a girl,
there is a love.
Somehow, it isn't fair for sure,
they unwillingly got separated,
that a part of both is now above.

The other part is still down here,
his body - weary,
shining on the outside,
of course - always occupied.

The only way,
his eyes seem to clear,
is walking upside - straight.
Where the air is thinner,
still - there he can breath.

Seeing him then,
the word comes in my mind,
after a day of him walking in the mountains,
is - ease.

Maybe because he walked up and down to her,
even a mountain like Mont Blanc
he would walk five times up and down in a row,
to get her back
without hesitating and care.

He would shift the world,
from one universe into another,
just that heaven might be closer,
but for sure - that they would have each other.

How to go on,
it's not for me to decide.
I only imagine,
every day is a fight.

That you always will be sad,
that is now a part of you
which has it's room
and for sure it's right.

I leave it there,
it's not my part.
I respect it though
and seeing you - it's hard.

If you one day
decide, to let down your wall a bit
and let me slowly in to sit
next to you,
I might be able to understand your now quiet voice
better than from outside the walls.

And I am me
and you are you
two people - they once knew each other
and they are now somebody else.
Maybe even somebody better,
when all the surface falls.

THE TRUTH IS

I
love
I
love
I
love
always love

I   The truth is,
love   not even once
I   have you been
love   so cruel to me.
I   The truth is
love   I was aware,
always   pretending as though,
loved you. I didn't care.

The truth is   The truth is
I always knew. perhaps I'm bold,
The truth is   I tried to hard
I was a fool.   and acted cold.

The truth is   The truth is
a monster guard, that after years,
hired once to   they're still there
protect my heart. - my fears.

The truth is   The truth is
according so,   not hesitating a bit,
I made you   if you let me,
feel small.   I go for it.

The truth is   The truth is
acting proud,   I love you.
my seeing heart This time I
sadly shouts.   would marry you.

The truth is   The truth is
aware so loud,   I do not know,
I didn't know   to show you more
another way out. than so.

BETTINA REICHL
federleicht
POESIE & POETRY

„Putri und Markus"
120 cm x 100 cm

FRIENDLY FIRE

I used to love you
long ago.
You used to love me
also.

Now fifteen years later
with both feet on the ground
you stand downtown
in the city of our childhood
visiting your mom
- and I'm speechless and feel barefoot.

I say your name
and you say mine,
no introducing my friend next to me,
I forgot her name.

I see you
and see it clear,
the fifteen years
swept away the fear.
And all that lasts,
is we two - here.

Gaining my speech,
way later then,
the truth came clear,
he will never stay here.

I don't want to go there
a city, like Berlin
I cannot bear.
He askes me in disbelief:
„Are you sincere?"

He said, he would come back
soon,
it won't take time,
first I said „OK"
when he postponed because it would be late.

He said, he had an appointment,
important.
Impossible to change.
It's about his firm -
thats always a convincing statement.

OK, I said also then
maybe I was fine with it,
a little longer
my life would stay the same.

I like it how it is,
my work,
my town.
- I know the game.

The next time,
I already had plans
hearing nothing in advance,
that he is there, I knew he would be mine.

Plus - he only has a little time.
Two hours, only,
I should come,
„No my dear.
I also have a life here
and not only wait 'til you appear
and proclaim:
Now, I'm here."

The next time
you told me
in advance.

You would come,
we would dance,
at least, my heart did
and made a move,
his feet didn't,
„I can't, my firm,
I have an appointment,
it's an notarial act."

„Fine." I said,
„Maybe better so."
- and that when the vibrations got low.
At least on the phone,
he didn't write back.
Of course I know,
what that meant,

A pretty long time,
he wrote none,
almost a year,
the buzzer of my phone not sung.

He would be in town,
if I would be there.
Of course I am
and he knew I care.

We met each other
in an Italien restaurant,
he was perfect - I have to say.
My picture of him being a teenager
shows me now - a man.
Beautiful in every way.

He told me later,
in a bar,
that I wrote „Maybe better so."
he didn't write back,
I said „I noticed that."

I was so angry
in this moment
if you had written one word more
the verbal machine gun
would have been unlocked.

He said:
„That was FRIENDLY FIRE."
I nodded „Yes"
and it wouldn't have gotten less,
leaving just a bloody mess.

He nodded, too.
So much he knew.
And smiled,
bewildered mild.

„At least" he said,
„there is fire."
„Fire is better than no fire."
he said warm and smiled:
„FRIENDLY FIRE."

BETTINA REICHL
federleicht
POESIE & POETRY

„Felicitas"
120 CM X 100 CM

BETTINA REICHL
federleicht
POESIE & POETRY

„Géraldine"
120 CM X 100 CM

BETTINA REICHL
federleicht
POESIE & POETRY

ZUM SCHLAGZEUG GEIGEN

Sie:
Liegen im Alten Land
unter den Apfelbaum
mit dem Elbler
das ich am Hafen fand.

Er:
Am Elbstrand,
gab ich ein Konzert
wie ein Stern am Himmel
sie im Publikumsgewimmel.

Sie:
Nahm er meine Hand
die Zeit blieb stehen
ich begann zu sehen
dieses goldene Band.

Er:
Hörten laut Musik,
fast wie unbekannt,
eine leise Melodie,
in meinem Rhythmus fand.

Sie:
Mir fallen Reime ein,
völlig unbekannt
nicht nur bei Bier und Wein,
will er bei mir sein.

Er:
Wach und einfallsreich
spiel ich meine Drums,
spüre ihren Beat
ihre Rundung weich.

Wenn mich Mauern und Klinker
erdrücken und drink mehr
findet ihr Auto her
und wir fahren ans Meer.

Sie:
Ohne zu fragen
nach Boltenhagen
mit Champagner im Wagen
und Köstliches für den Magen.

Er:
Mit ihr ist alles leicht
sie ist blass und weich
an ihr nichts, als das Wasser
nur der am Strand ist seicht.

Tauschen den Lärm der Stadt
gegen das deutsche Platt,
und das Wellenbrechen,
mit ihr in die Tiefe stechen.

So noch nie gekannt
zum Schlagzeug noch Geigen
lange genug weggeräumt,
bei ihr will ich bleiben.

BETTINA REICHL
federleicht
POESIE & POETRY

„Hong Hanh Nguyễn mit Pfirsich-Eistee"
100 CM X 120 CM

MARKS

There is a rainbow
in the sky.
There is you
and you lie.

In my face
and you look down.
On the phone
and I frown.

Was it only
pretending?
Was it already
ending?

Was it even
real?
Is there anything
you feel?

What a jerk
I fell for.
What a manipulative guy
nothing good but lie.

Go to hell
I don't care,
more of that
I can't bear.

You have done
way enough
intrigue here,
there and -
hush.

Even though
it took me
a while
to realize:
„Indignity" -
trying the word on
for size.

I lost weight
so much.
I loved you
so much.
I trusted you
so much.

I cried after you
so much.
I felt my head hurt
so much.
I felt my heart beat
so much.
I felt the whole
so much.

What you have done
left marks.
Shutting down my
sparks.

BETTINA REICHL
federleicht
POESIE & POETRY

„Laurent"
120 CM X 100 CM

BETTINA REICHL
federleicht
POESIE & POETRY

„Zenobia"
120 cm x 100 cm

BETTINA REICHL
federleicht
POESIE & POETRY

„Candela"
120 CM X 100 CM

BAUHAUS

Die Noppenfolie im Bauhaus gern gekauft.
„Ja schau mal wer da lauft."
In meinem Lieblingsgeschäft,
findet mich die Liebe.

Der Eine mit seinem Freund dem Anderen,
die brauchen Reiniger für den Whirlpool:
„Ach komm."
„Komm doch auch, es ist heut so heiß
er steht auf der Dachterrasse!"
Als ob ich es nicht fasse,
lädt er mich ein
zu ihm daheim
sein Freund, der Andere, wird auch da sein.

In den Whirlpool soll es gehen,
WOW.
Das geht schnell.
Ich bleibe stehen.
Na gut denk ich,
es soll so sein,
fahre ich erst noch heim,
hol den Bikini
weiß und gold
und fahre zu ihnen
in die Stadt
am Bauhaus vorbei
da bin ich platt.
Hat mich das Schicksal da gefunden,
an meinem Ort,
der Baumarkt meines Vertrauens
sitz ich darauf im Wasser
mit zwei Männern,
geht es noch krasser.

Der Andere der fährt nach Stunden heim,
da bin ich mit dem Einen allein.
Wellengepeitsche hören die Nachbarn,
die werden die Teleskope ausfahren.

Von dort an ist es geschehen,
die Verbindung gemacht,
zwischen Körper und sacht
auch zwischen unseren Gedanken,
die sich ranken,
die Bande die sich binden,
wenn zwei Seelen sich finden.

Ungelöst bleiben sie bestehen.
Das können wir nun sehen,
wer wagt sie zu zerschneiden,
versucht uns etwas anzukreiden,
damit wir leiden,
wird enttäuscht bleiben.

Verbunden ist verbunden,
die Liebe im Bauhaus gefunden.

Die Liebe findet dich,
du musst nicht suchen.
Wo du auch bist
auf deinem Weg
die Liebe ist
und sie überraschend vor dir steht.

Auch wer es ist,
das verblüfft,
dann ist es so.
Glaub es und sei froh.

So ein Wunder gibt es nur einmal,
wenn du es abtust,
das in den Ruin fußt.
Das Unglück wird dann folgen,
um das zu vermeiden
erkenne das Wunder
wenn es vor Dir steht
auch wenn es im Bauhaus mit Noppenfolie
oder Chlorreiniger geht.

BETTINA REICHL
federleicht
POESIE & POETRY

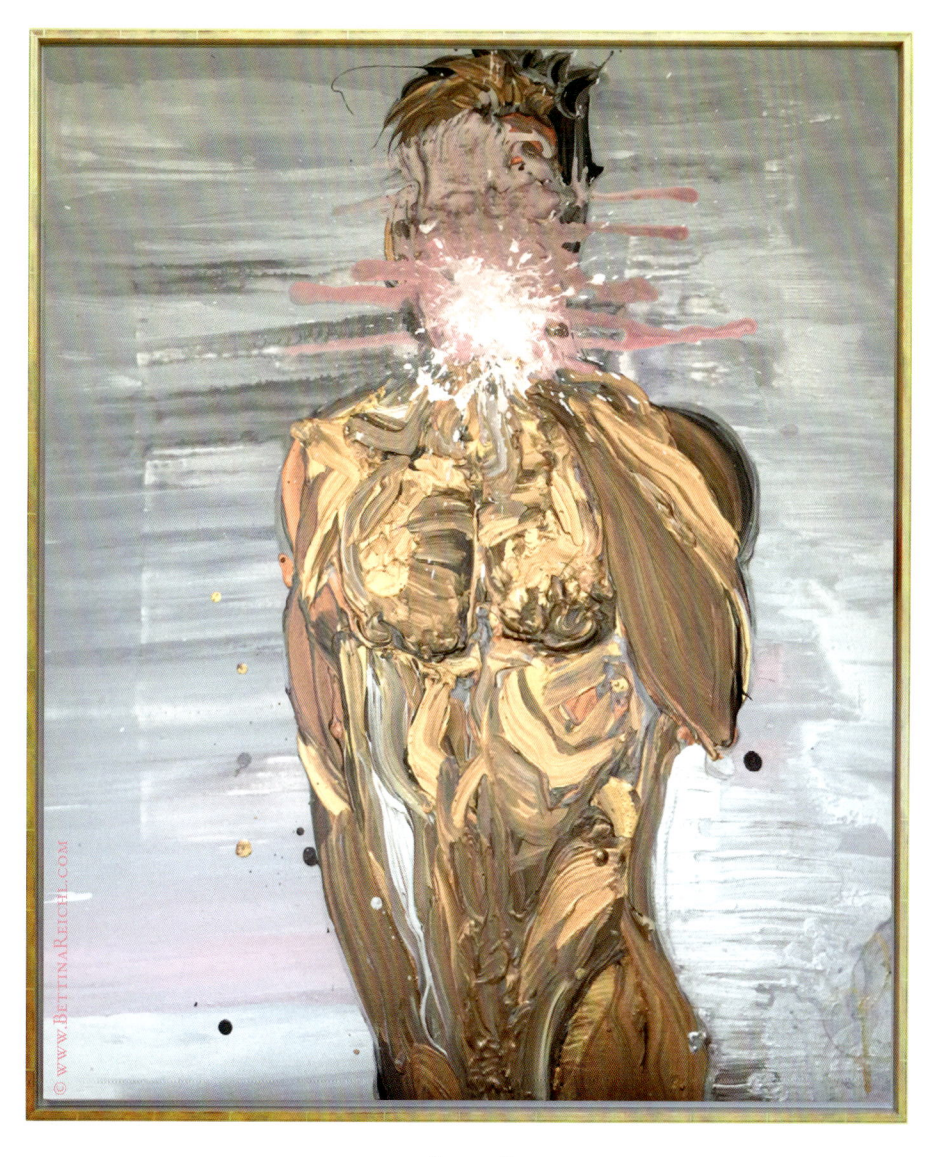

„Florian"
100 CM X 120 CM

BETTINA REICHL
federleicht
POESIE & POETRY

WALHALLA

Wir gingen hinauf
an der Donau bei Donaustauf
durch den Wald
in der Nacht
die Stufen bergauf.

Stapften durch die Wiese
sehen den Mond, die Sterne
diese
erst nicht,
kein Licht im Dunkeln
nur die Augen funkeln.

Die Hände, die wir halten
dem Neuanfang sie galten
nach Jahren wieder gefunden
Zwei Herzen nun verbunden
in Liebe,
noch kaum so benannt
die Seelen sich bereits klar erkannt
gehn wir redend zur Walhalla hin,
die in weißem Marmor
steht und strahlt
für Liebende
bei Dunkelheit
ein heller Ort
Herzen malt.

Sicher so manches Kind
wurd hier gezeugt
entlang der Stufen,
nie bereut.

Unter den Säulen
da sitzen wir
tun das noch nicht
es ist zu früh
erstmals seit vier Jahren
müssen wir uns noch nicht paaren
erkennen das Suchen hat ein Ende.

Das Finden ist da,
wir halten Hände,
sitzen noch am warmen Stein
von der Sonne aufgeladen
staunen über unser Sein.
Unsere Worte Honig und Salz,
in unseren Kehlen Champagner und Malz.

Warum hat es so lang gedauert?
Frag ich den Liebsten,
der nicht lauert,
auf einen Moment der Lust,
nur staunt,
dass wir da sind
und alles klar
das Dunkel bricht
das Licht ist da.

„Ich hab mich nicht gegen Dich entschieden
sondern gegen mich",
er-klärt er mir
und ich bin froh,
jetzt sind wir hier.

Sitzen vorne auf der Brüstung
unter uns die Tiefe,
die Donau und der Wald,
vor uns die Weite, Nacht,
alles was war früher kalt,
jetzt in der Vergangenheit verhallt.

Die Zeit ist da,
als war es nicht lang,
als war es nicht mal ein Tag
an dem wir getrennt
für die innere Stimme
taub nach vorne rannten,
nicht hörten auf den guten Rat,
der nun ganz leise zu uns singt
und hörbar wunderschön im Herzen klingt.

Es ist so weit,
wer hätte das gedacht?
Ich nicht,
er nicht
und nun ist es,
ob es von Herzen lacht.

So rein ist der Ton,
der zu uns spricht,
die Schönheit so hell,
wie ein warmer Schmerz ins Herz sticht.
Fast nicht ertragbar die Intensität,
die nun verbindet,
die reale Situation noch so viel verhindert,
ein Zusammenleben noch nicht vorstellbar,
was dazwischen kommt,
kaum aushaltbar.

Die Liebe ist die stärkste Macht,
hat schon oft über äußere Umstände gelacht,
über Vernunft und Pläne sowieso,
was wissen die,
hatten bisher recht noch nie.

Den Mut brauchts schon,
Geduld,
die auch,
wer hätte gedacht,
viel bösen Rauch,
der lodernden Wut,
die diese entzündet,
die vielen Situationen,
in die das mündet.

All diese machen uns nur stärker,
vereinen uns nur enger.
Das weiße Band webt sich strenger,
das uns verbindet,
so dass es nicht mehr schwindet,
dass ich links neben Dir stehe,
im Regen und bei Schnee
und die goldene Zukunft seh,
an Dich glaube,
an Gott und alle Mächte,
die Gutes wollen,
die Schönes schaffen
und stellen an meine Seite
Dich,
die Rechte.

Ich bin überrascht,
dass Du es all die Jahre warst,
seit zwanzig Jahren schon gekannt
und nun so deutlich in mein Herz gerannt
und ich in Deins,
als sei es eins,
das nun vereint
auf der Walhalla
vor Glück vom Himmel glitzernd weint.

Die Offenbarung
bei Tageslicht noch nachhallt,
als wir schon wieder zurück gegangen,
duch den Wald
in Gewissheit,
ein Wunder hat sich zugetragen,
das alles ändert,
vermag
die Liebe zu wagen.

MY MATCHES

Like a box of matches
he lights my fire
one by one
higher and higher
lighter and lighter
my feeling is brighter
from inside my yearning
from inside my sparkles
I feel in my veins
and into my toes
and my back arches
my limbs bend
like no end
I feel in passion
inside the fire
no reaction bit by bit,
no it is higher,
it is inside me
a miracle
how he lights my matches.
Thank you,
that fetches my lust
catches my trust.
Thank you,
I love you.

BETTINA REICHL
federleicht
POESIE & POETRY

„Light my Fire"
inspiriert von "The Doors"
100 cm x 120 cm

ER SCHENKT MIR EIN BUCH

Er schenkt mir ein Buch,
weil er weiß, wie sehr ich Bücher liebe.
Er gibt es mir,
ganz scheu,
ganz lieb,
als habe er es gestohlen wie ein Dieb,
der es rausrückt,
ganz verschämt
und sagt:
„Ich habe es gesehen.
Nicht gekauft, gefunden.
Da habe ich an dich gedacht,
weil du doch Lieder malst,
die Melodie in Farben siehst,
habe ich es Dir mitgebracht."
Ich habe gelacht:
„Was ist es?"
Er rückt es raus.
Zeigt mir das Buch,
„Melodie der Liebe".
Ich seh ihn an
in der Tiefgarage
und das Herz geht mir auf.
Ich will ihn küssen,
drücken,
lieben,
doch tu ich nichts,
er ist zu zart,
für Überschwängliches dieser Art.
Den richtigen Grad,
an Zuneigung zu geben,
der ihn nicht läßt davon rennen,
wie um sein Leben,
wenn wer nett zu ihm ist,
ihn gar liebt.
Das Gefühl der Nähe er weit von sich schiebt.
Sich damit nicht auskennt,
nie erfahren,
mit Schmerz dafür wohl vertraut,
diesem er ein Haus gebaut.
In dem er wohnt
und seinen Schmerz pflegt,
dass er damit Aufsehen erregt,
die Wunden hegt
und die ungewohnte Liebe,
aus Angst beiseite legt.

BETTINA REICHL
federleicht
POESIE & POETRY

„But fate would not have the reputation it has if it simply did what is seemed it would do."
Inspiriert von und zitiert aus:
Towles, Amor: A Gentleman in Moscow. London: Windmill Books, 2017. S. 80. "
120 cm x 100 cm

DIE GEDULD

Die Geduld
ist nicht meine Stärke.
Sie ist mir verhasst
ich vermeide sie mit Härte.

Sie zeigt mit in aller Ruhe,
das hab ich zu lernen
als eins meiner Werte,
als hätte ich sie in mir
gewollt oder geerbt,
als wäre sie schön,
als sei sie Schmuck,
ein Schatz,
ein Reichtum,
erstrebenswert,
ein Glanz.

Für mich ist sie das nicht ganz.
Für mich ist sie,
die Ungeduld,
das Warten
und die lange Zeit
die mir wie Kleister an den Haaren bleibt.
Ein unerträglicher Gestank,
dem ich entweichen will,
entfliehen will,
den Weg abkürzen will,
über Bäche hüpfen,
durch Stürme laufen,
durch Stein mich schlagen,
lieber als warten,
lieber als aushalten
die Geduld,
die still mich ansieht
und mal staunt,
wie ich mich wehre,
die müde ist von meinem Gebare
meinen Unternehmungen
sie anzuschauen,
sie zu akzeptieren,
sie anzunehmen
als eins meiner Fähigkeiten,
als eine der nötigen Wahrheiten,
die das Leben für mich birgt
in einem Körbchen für mein Leben
als Geschenk mir bringt,
wie Kostbarkeiten.

Oft mir diesen Korb angeboten,
hingehalten,
weggestoßen,
weggelaufen,
gehofft,
die Situation nun geschafft,
ausgetrickst,
doch nix.
Sie fand mich jedes Mal.
Die Geduld
hat einen langen Atem,
besitzt die Zeit,
die Stunden, Tage,
auch Jahre hat sie in Fülle,
Dekaden,
nichts kann ihr etwas an wie Maden,
sie zerfressen,
spröde machen,
sie bleibt geschmeidig,
locker, sitzend,
die Hände angewinkelt unterm Kopf gestützt.
Da bleibt sie,
lange,
die Haare wachsen,
hängen,
wie die Natur,
die immer siegt
auf die Länge,
die nichts unter kriegt,
behält sie recht,
macht keinen Fehler.

BETTINA REICHL
federleicht
POESIE & POETRY

Die Geduld bleibt jung,
wenn alles alt
und morsch in sich zusammen fallt
und tot nichts mehr nachhallt,
weil es schon was Neues geworden,
die Geduld zugeschaut,
entspannt,
wenn ich mich
ärgere über die Gabe,
die ich nicht wollte,
angefragt oder bestellt,
doch gelernt,
durch das Einzige was zählt,
die einzige Macht,
die das vermag,
dass ich was lerne,
das ich nicht mag.

Die Liebe wars,
die einzige Macht,
die das vollbracht,
die Unmögliches möglich macht.

„Die Geduld"
Ton-Modell für Bronzeskulptur

BETTINA REICHL
federleicht
POESIE & POETRY

DIE PROVOZIERT NICHT

Ich hab mir Gedanken über Deine Kunst gemacht.

Die provoziert nicht.
Da hab ich nur gelacht.
Du presst keine Farbballons aus deiner Vagina,
sitzt am Paradeplatz nackt.
Das würd ich auch nicht machen wollen.
Da würd ich lieber Kinder bekommen.
Das kaufen die Leute.
Da gibt es viele.
Das kann kaufen,
gern wer will.
Ja, für teures Geld, sei still.
Fotografiere Bettler, und das Leiden.
Das hängen sich die Leute in Hochglanz rein und neiden,
einander der teuren Kunst.
Auf Metall und Plexiglasplatten,
der Dagobert mit Glitzer,
statt mit deinen pastellen Hühnerspritzer.
Warum hörst Du nicht auf mich?
Das provoziert!
Da gibt es einen Markt!
Danke nein, das ist mir viel zu hart,
zu kalt dazu,
nackt am Paradeplatz.
Das kann machen wirklich wer will.
Kaufen, wirklich wer will.
Das bin nicht ich.
Ich liebe Farben.
Schönes.
Gutes.
Liebe.
Zartes.
Ich male nur, was ich will.
Federleicht und mein Sinn ist:
das Schöne in die Welt zu tragen und die Liebe zu leben.
Das ist meine Sicht.

Das mache ich mit Pinsel und Feder,
Worte und geh her,
ich küss Dich,
dann siehst es,
wie es sich anfühlt,
das Weiche,
das so fein ist,
dass es weh tut,
so gut.
Weil Dus fühlst.
Meine Bilder lieben,
die, die fühlen,
die, die sehen.
Die, die feinsinnig durchs Leben gehen.
Die, die Freude haben
an der Freude,
die, die Humor haben,
wissen um ihrer Gottes Gaben,
dankbar sind für das Geschenk Leben, dass sie haben
und fühlen in sich die schönsten Farben.
Das ist meine Ansicht.
Ich entscheide mich für das Licht.

Du hast Deine Meinung,
Du hast Deine Sicht.

Und was Du möchtest,
dass ich tu:
Ich bin das nicht.
Ich will das nicht.

Hör jetzt bitte damit auf.
Ich hab meine Themen,
male was ich liebe,
Menschen Tiere, Natur,
Musik und Bücher.
Forme Skulpturen, figurative Gefühle wie „die Geduld",
flexe „Aufrecht stehn"
und meinen eigenen Weg, den will ich gehn.

Der ist nicht mit Instagram und Facebook,
da hab ich keine Scham,
das möcht ich nicht,
das bin ich nicht.
Bekomm da jetzt keine Wut.
Hör jetzt auf,
jetzt ist es gut.

SKULPTUR
„AUFRECHT STEHN"
260 CM HOCH

45

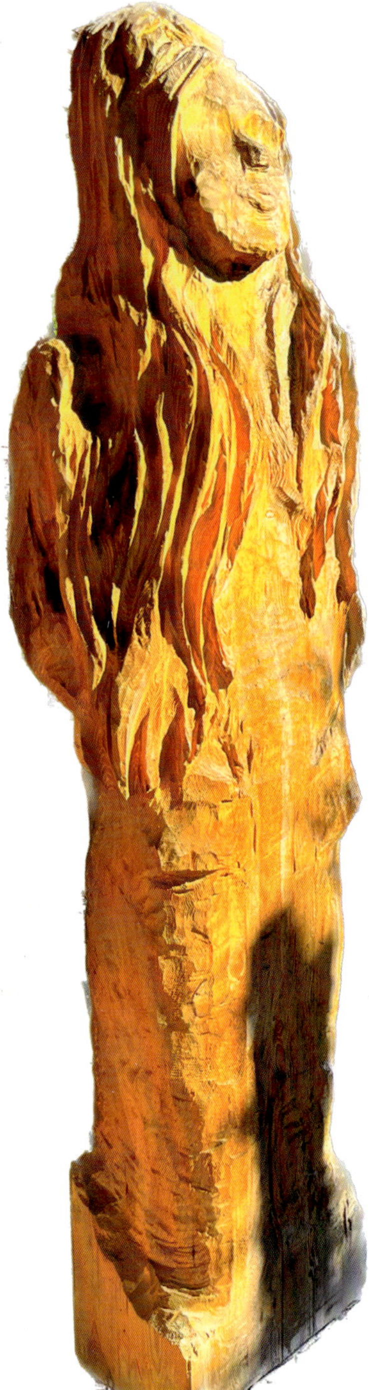

BETTINA REICHL
federleicht
POESIE & POETRY

„Aufrecht stehn"
260 cm

FLORIAN

Du hast so viele Facetten.
Die Lieben und die Netten,
die Mühsamen und die Kecken,
die Aufreibenden und die Ecken,
das schnelle Sprechen und das Schweigen,
das Dastehen,
das Liegenbleiben.
Das Anlächeln,
das Anschauen,
das Zärtlich sein,
das Abhauen.
Das Versetzen,
das blöd Schwätzen,
das dumpfe Sein in Dir drin,
das Singen, fröhlich sein und innen:
dein Herz,
dein Schmerz,
dein ganzes Sein
- und MEIN.

BETTINA REICHL
federleicht
POESIE & POETRY

„Candy"
inspiriert vom Sänger, genialen Textdichter und Poeten Paolo Nutini
120 cm x 100 cm

SICH TRAUEN

Hast du Lust,
dass wir uns heut sehn,
dass wir spazieren gehn?

Unter den Magnolien
dick und rosa
an den Ästen

noch gibt es keine Wespen,
die unser Eis anfliegen,
ihren Hals nicht voll kriegen.

Wir durch das Grün,
das bunte Blühn
und kühn
frag ich Dich,
willst Du Dich trauen,
mit mir in die Zukunft zu
schauen.

BETTINA REICHL
federleicht
POESIE & POETRY

„I'm in love with you, so I thought I'd ask."
INSPIRIERT VON UND ZITIERT AUS:
SHAFFER, MARY ANN/BARROWS, ANNIE: THE GUERNSEY LITERARY & POTATO PEEL PIE SOCIETY.
LONDON: BLOOMSBURY PUBLISHING, 2018. S. 239.
120 CM X 100 CM

NO YOU

So, that's it.
I believe.
So that's it,
is that so?

I went there,
to the hotel you said,
like you said
last night.

That I take a room
by myself
that there we meet
and we didn't.

At least not at night,
I slept alone
in this suite
the big bed

left side.
Didn't touch the pillow
on the right side
where you might

have laid
if you had kept your word
which you didn't.
That hurt.

So in the morning
to catch a glimpse of you
I went to have breakfast
- no you.

When all were gone
I saw your legs in the window
of an open door
walking out.

I got up
to the entrance door,
I saw you
leaning forward

in the trunk
of a colleague's car.
You bent there
to place the suitcase there.

I said your name.
You turned your head
to see me

standing there
came for you
and you
didn't blink
didn't smile.

Just swollen eyes
you had
from alcohol or tears
I don't know

but you looked at me
with no expression
that with shame,
that I see you

so weak
so done.

No fun
in your face
no joy
in your eyes
to meet mine.

No feeling
you showed
in my direction
but emptiness
of soul
of life
of love
of
you.

No you.
No man.
I knew.

So that's it,
we came so far.

I was there
you did not care.

I drove there
I was here
I saw you
You saw me.
You turned your head
sideways
while you packed your
suitcase in your colleague's car.
I said:
„We'll see each other in the evening?"
and you:
„I don't believe so."
You get in the car and away I walked,
so they would't see, that we talked,
that we know each other.

What alcohol can do
shocking
the blood left my face,
my head,
fell in my legs,
all sad.
What you did,
with your brain,
let alone your heart full of pain,
you managed it,
to prove yourself,
to destroy all
you love,
still there,
give me up,
leave me bare,
drink away,
that you care.
I stand bare
I can only look
to take care
for myself,
seeing in this flesh of you
the body looks alike
- no you.
In sight.
Are you still inside?
I do not fight.
Though - I might.

BETTINA REICHL
federleicht
POESIE & POETRY

„Glaubst du mir, wenn ich dir sage, dass Leben ist stärker als du?"
inspiriert von und zitiert aus:
Gavalda, Anna: Ich habe sie geliebt. Frankfurt am Main: Fischer Verlag, 12. Auflage. 2009. S. 165.
120 cm x 100 cm

VERLEUGNET

Verleugnet.
Wie fühl ich mich da.
Nicht rar.
Als wär ich nicht da.
Als stichst Du in mein Herz.
In meinen Magen.
Als kann ich's nicht ertragen.
Ein Verzagen.
Ein Schock.
Als kann ich's nicht glauben.
Als ziehen in meinem Kopf Schrauben,
die sich wünschen,
meine Ohren wären die einer Tauben.
Wenn du mich verleugnest,
das ist so ein Schmerz.
Eine Gewalt.
Als werde ich weiß.
Alles Blut stürzt aus meinem Kopf durch den Hals direkt in die Füße,
die Mühe haben zu stehen,
geschweige denn zu gehen.
Wegzugehen.
Im Schock.
Wenn ich versteinert bin wie eine Skulptur.
Aus Marmor.
Weiß.
Im Winter.
Eingefroren.
Durch das was hörten die Ohren.
Verleugnung.
Als seist du ein Fremder.
Als seist du nicht du.
Als sei es nicht ich.
Was für ein Stich.
Frontal.
In den Rücken.
Ich benötige alle Beherrschung,
mich nicht vor Schmerz zu bücken,
zusammen zu klappen,
wie ein Elend,
zu dem du mich machst,
indem du fast lachst,
den Mut nicht hast.
Mich verleugnest.
Die Liebe verleugnest.
Dich verleugnest.
Wie Du mich da siehst,
mit den Augen,
die es nicht glauben.
Ob du dich da selbst hasst,
was Du da gerade machst.

BETTINA REICHL
federleicht
POESIE & POETRY

„All I Know So Far"
inspiriert von der Sängerin, genialen Textdichterin und Poetin P!nk,
Alecia Beth Moore, als auch von Benj Pasek & Justin Paul
50 cm x 60 cm

BETTINA REICHL
federleicht
POESIE & POETRY

ROSA LESEBAND

„Ein rosa Leseband!
Was soll das?"
Ich soll an Leute denken,
die kein rosa mögen.

Amüsant ich das fand,
da alles an mir rosa ist,
rosa Schuhe, rosa Lippen
und nie haben wir uns gestritten,
rosa Schal, rosa Mütze,
er nimmt mich an der Hand.

Er wird mein Buch nicht lesen,
sagt er.
Brauchst du nicht,
sag ich.

Ich mach es wie ich will,
ich liebe rosa
und du liebst mich.

Das gab ihm einen Stich.
Als hätte ers noch nicht gewusst.
Ich liebe Dich,
das wusst er schon
und du liebst mich.

Und hier fühlst Du Dich angesprochen,
weil Dus liest,
was ich hier schreibe,
hast Du doch Dein Wort gebrochen
und magst, dass ich in Deinem Herzen bleibe.

Ertappt.
Ich wusst es schon.
Wusst, dass Du mich liebst,
weit vor Dir
Du ließt es hier.

Merk es Dir ein
wenn Du willst
mit dem rosa Leseband
das Dir zeigt,
dass das Buch nun doch in Deine Finger fand,
die Worte Deine Augen berühren
die Zeilen Deine Seele spüren,
die Du verneinst,
verleugnest,
verkaufst
doch
jedes Aufbäumen wegsaufst,
probierst es mit großem Erfolg,
doch eins geht nicht,
dass Du nicht fühlst,
dass Du mich gern hast.
Dein Herz schlägt leise für mich weiter,
stetig, ohne Rast.

Du hast es geschafft mich zu vergessen
- fast.

BETTINA REICHL
federleicht
POESIE & POETRY

„Bettina und Florian"
120 cm x 100 cm

WENN ES AUS IST

Wie es ist,
wenn es aus ist.

Das ist atemloses Stauen,
flache Atmung
ohne Weinen.

Das ist Akzeptanz
und Spüren:

Das wars,
das wars,
jetzt kommt nichts mehr.

Es ist aus.
Wow.
Ist das schwer.

Schwer im Herzen,
das noch taub.

Schwer zu glauben,
Hoffnungsraub.

Schwer zu atmen,
diese Luft,

die schwer
und dick
die Kehle sucht.

Es ist,
als sei man ganz versteinert.

Der Leib steht da
und wie es sein wird
begreift das Innen früher als das Außen.

Es ist aus,
nichts ist mehr
wie es war.

BETTINA REICHL
federleicht
POESIE & POETRY

„AND SHE WAS GLAD THAT NOBODY COULD WITNESS THE PITIFUL EMBARRASSMENT OF HOPE."
INSPIRIERT VON UND ZITIERT AUS:
JESSIE, BURTON: THE MUSE. LONDON: PICADOR, 2016. S. 368.
80 CM X 120 CM

SIE

Du schickst mir so viele Einladungen
in den Krieg zu gehen.
Ich gehe nicht hin
und lass dich stehen.
Rufst nachts an, mehrmals und lässt es läuten.
Ich hör nicht hin,
darin sehe ich keinen Sinn.
Er ist bei dir, weil du ihn erpresst.
Er liebt dich nicht
und du hältst ihn fest.
Sagt, er wird die Kinder sonst nicht mehr sehen.
Er liebt die Kinder
und bleibt bei dir stehen.
Gefangen im Dilemma.
Sieht keinen Ausweg,
ohne die Kinder zu verlieren.
Sagt, „Das ist ihr Move",
„ihre Mutter hat es schon so gemacht,
hat es geschafft,
dass die Töchter den Vater fast nicht kennen.
Geschweige denn ihn Papa nennen."

Die Kinder sind das Beste,
das er hat.
Das verstehe ich,
würde auch alles für meine Kinder tun.
Er gibt sein eigenes Glück auf,
sagt er,
habe sich damit abgefunden,
er sei da nun gegen seinen Willen gebunden.

Er und ich,
sind eins.
Diese Liebe gehört uns,
getrennt auch Kilometer,
zu mir steht er,
in Liebe.
Du bist der Sekunden, Minuten, Stunden, Tage, Jahre Diebe.
Hoffentlich gibt dir das was,
deine Beute meiner Zeit mit ihm.

Für mich ist es nur Leid.
Ich hoffe für dich,
du schöpfst aus dem Vollen,
mehr als du hast, kannst Du ja nicht wollen.
Du hast das Geld, das Haus, die Kinder, die Zeit,
ja, oft auch Streit.

Weil du ihn nicht leben läßt,
mit mir.
Nur geht sie nicht weg,
ich,
meine Liebe,
seine Liebe zu mir,
sie ist hier.

Du, mit diesem Verhalten,
bist du der Mensch,
der jede Minute mir stiehlt,
die ich mit meiner Liebe verbringe - nicht habe,
keine Nacht und keinen Tag,
doch wir wissen,
er und ich,
wir haben uns gefunden,
sind mit einem Band verbunden,
das du nicht trennst,
auch wenn du dir tobend das Hirn an der Wand,
gegen die du rennst,
blutig brennst.

Der Liebe bin ich gewiss,
sie ist warm,
dass ich nicht frier.

Meine Liebe zu ihm,
seine Liebe zu mir,
schützt mich,
auch vor dir.

Sie hält mich warm
und schützt mich sacht.

Hier endet Deine Macht.

Er sah gut aus,
jetzt ist er nur noch Haut und Knochen.
Du hast ihn fast gebrochen.

Mit Intrigen,
Druck
und Worten.

15 Jahre älter wirkt er jetzt,
man sieht,
wie sehr du ihn unter Druck setzt.
Dass er traurig, unglücklich und klein.
Die Kinder materialisiert, für Pool, Haus, Auto,
Luxus, den schönen Schein.

BETTINA REICHL
federleicht
POESIE & POETRY

"Hätte dieses kleine dickköpfige Mädchen nicht lieber mit einem glücklicheren Papa zusammengelebt?"
Inspiriert von und zitiert aus:
Gavalda, Anna: Ich habe sie geliebt. Frankfurt am Main: Fischer Verlag, 12. Auflage. 2009. S. 165.
100 cm x 120 cm

BETTINA REICHL
federleicht
POESIE & POETRY

YOUR HOUSE IS HER PENIS

This house is her penis.
Not yours.
You have your own.
Every stone, you built in this wall,
her penis standing tall.
Every brick, you put in the pavement,
it gives her a moment
of joy, of feeling taller than she is.
Every time, your hammer hits,
it gives her a spritz.
Every coin, you lay down
it only makes you frown,
and shines her crown.
Every brick,
gives her a kick,
then as your penis get's smaller,
she gets taller.
The huger the roof,
the wider the gardens,
her penis hardens.
That it's out of nowhere,
she doesn't care,
you got away from life
and she wants with this house,
that this leads into paying her life,
being your wife.
Can't you see,
this eat's all your energy?
Can't you see,
who you became,
who you used to be?
Can't you see,
who she became,
who she used to be?
The taller the house
the smaller you are, like a mouse.
The richer the interieur,
the more she becomes a terrier,
who barks,
and behaves as if
she is the queen
of your world,
your mind,
you were kind
and now you are full of anger,
less like a banker,
making bad decisions,

like she steers your ship,
like a toxic commander
and you working on this house,
eating up your male power
and digging in the earth
she says „like a left-hander",
with all your anger.
With every hour
you put in this project „house",
she is like giving birth,
to manifest your staying,
proven by your paying,
her life,
her stay,
her food,
her car,
her dresses
and she feels taller
more potent,
her life-style is never paying rent,
but the living proof,
this is her penis you built with this house,
and it's standing tall,
as high like a roof.
Your house is her penis,
the manifestation
of an erection of a show who she wants to be
you weaken with every cent you pay,
it's part of her creation.
For sure a toxic relation,
you give,
she takes
like you buy with every stone,
every brick,
every shit
your own penis-amputation.
What a sick habitation.
I don't understand the explanation.
It's all your own creation.

Every minute you decide,
not to let it go,
it's like digging a well
at a spot, where there is no water,
and will never show.
You are digging and digging,
stand in the dark well,

like you fell,
fell from love,
fell from fate,
fell from hope,
and dig,
and dig,
and dig,
and say: „I invested so much,
money,
energy,
nerves,
time,
I sold a flat to buy that ground!"
And now you are bound,
you dig your grave,
in this well,
where you choose to fell,
you dig it yourself,
by not selling the house,
as soon you can,
the prices are falling.
every day you loosing by not letting go,
you will be crawling,
up the well
in which you not fell,
but dug it yourself,
at a place out of nowhere,
where you don't like it,
can not bear,
and every day
you buy more things to stuf it,
furniture, a mattrass and shit,
you will never get back the money,
and it does not buy you happiness,
the only thing you gain for years,
is stress.
Already your body got sick,
drinking
and shit,
until you can't sit,
and puke and spit
out what you can't bare,
because you decided to share
a place with somebody for whom you don't care.
For whom is that fair?
Not even for you,
busy yourself,
digging your hole,
your well,
no water,
that's manslaughter.

TOXISCH

Dem Warten bin ich überdrüssig,
die Kapazität aufgebraucht,
die Geduld verraucht,
die Hoffnung vergrämt
die Zeit nicht überschüssig.
Die Liebe verhöhnt,
die Zärtlichkeit nicht verwöhnt,
das Vertrauen verarscht,
die Tugend zermetzelt,
die Loyalität blutig erstochen,
von hinten und von vorne,
der Bequemlichkeit und Furcht
in den Arsch gekrochen.
Dem Aufrechtstehen die Füße gebrochen,
dem offenen Blick die Augen geblendet,
im Dunkeln geblieben,
der Erpressung einen Gutschein gesendet.
Mit Selbstmitleid die Marke abgeleckt,
mit totem Speichel aufgeklebt,
auf das Kuvert der Trübsal,
die blasen du kannst allein,
einst warst du mein,
jetzt kannst du sein,
wo du willst,
ob in Straubing, Berghain oder dich killst,
ich kann nicht mehr als auf dich wettet,
wenn du willst, kannst nur du dich retten.
Du bist ja nicht in Ketten.
Deine Seele hast verkauft,
das Verlangen und Gefühl,
aufgebäumt, schon lang versauft,
die Tränen ertränkt,
in Bier versenkt,
mit Pillen die Leere versucht zu stillen,
du bist erwachsen und hast den freien Willen.
Dann bleib halt dort,
in deinem Haus
und leb dein Motto „toxisch" aus,
ich bin raus.

BETTINA REICHL
federleicht
POESIE & POETRY

„And I was glad to have got out."
inspiriert von und zitiert aus:
Meyers, Benjamin: The Offing. Dublin: Bloomsbury Publishing, 2020. S. 245.
100 cm x 120 cm

DIE TRAURIGKEIT MICH ÜBERSCHWEMMT

Die Traurigkeit überschwemmt mich,
sie deckt mich zu,
mit einem Schwall,
ich muss von dieser Party weg,
ich denk an dich.

Die Welle bricht
mit einem Knall
über mich
schlägt sie zusammen.

Ich bin darin
die Luft ist weg
ich verabschiede mich
fluchtartig in diesem Fall.

Die Gäste denken
ich hab's nicht alle
der Bernd zeigt mir den Vogel,
egal, ich fühlte mich in der Falle.

Die Leute rempeln und lallen,
an mich fallen
mein Fluchtreflex setzt ein
ich muss raus,
will weg.

Gerade aus,
bin ich weg,
geh zum Auto,
fahr nach Haus.

Die Traurigkeit überschwemmt mich,
seh sie nicht kommen.
Plötzlich war sie da,
wie das Feuer in Pommern?

Ich kann dann nicht ertragen,
Angeflirte, Männer die labern,
Frauen die mich wegwünschen,
ich möcht dann nichts mehr sagen.

Möcht nur noch weg,
das Fest verlassen,
egal ob mich da welche hassen,
oder nach mir fragen.

Von der Traurigkeit überschwemmt,
da sieht man nur,
wie sie weg rennt,
schnell geht,
zum Auto,
Heim,
ich lass dann alles sein.

Geschminkt,
die Haare schön geföhnt,
egal,
egal,
nichts hat mehr wert,
in mir da steckt ein scharfes Schwert,
schon rostig vom langen Tragen,
im Herzen,
das überschwemmt von Traurigkeit
die Einsamkeit einkehrt.

Ich halt es nicht mehr aus,
noch einmal weggestoßen von dir,
das letzte Mal, diese Worte,
ich hör sie noch in mir.

Nachklingen, wo mir die Ohren singen,
so schmerzhaft zu hören,
so grausam gesagt.
Nicht mehr nachgefragt.
Nur „Ja" gesagt.
„Gut".
„Ciao."
Ende.
Wow.
Das wars.
Aus.
Die Traurigkeit mich überschwemmt
und kein Erbarmen kennt,
die Luft ich nicht mehr brauch,
- zu was auch?

BETTINA REICHL
federleicht
POESIE & POETRY

„Pazifik Drache"
120 cm x 100 cm

DAS REH

Totentanz
so kommt's mir vor,
wenn ich ausgeh,
alle seh,
ich da steh,
wie ein Reh,
auf der Lichtung,
in der Dichtung
weiß ich schon,
der Jäger sitzt an,
legt an,
schießt,
erschießt.
Puff.
Aus.
Darauf hab ich keinen Bock,
weder Mensch, Mann oder Rehbock,
wart ich da,
bis ich erlegt.
Mich hingeb.
Hinleg.
Nicht heute.
Liebe Leute.

BETTINA REICHL
federleicht
POESIE & POETRY

„Rosalia"
120 CM X 100 CM

BETTINA REICHL
federleicht
POESIE & POETRY

WAS SOLLS

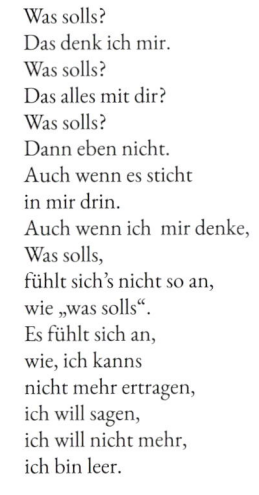

Was solls?
Das denk ich mir.
Was solls?
Das alles mit dir?
Was solls?
Dann eben nicht.
Auch wenn es sticht
in mir drin.
Auch wenn ich mir denke,
Was solls,
fühlt sich's nicht so an,
wie „was solls".
Es fühlt sich an,
wie, ich kanns
nicht mehr ertragen,
ich will sagen,
ich will nicht mehr,
ich bin leer.

Leer an Freude,
voll von Schmerz.
Leer von heute
voll von gestern,
blind für morgen,
voll von Tränen,
leer von Träumen,
blind für andere,
die nicht versäumen,
mir den Hof zu machen,
auffällig anlachen,
zuprosten,
anbandeln,
ansprechen,
ich will mich erbrechen,
mein trauriges Herz herausstechen,
vergraben, im Garten,
weiterleben,
wieder schweben.

BETTINA REICHL
federleicht
POESIE & POETRY

„Kerstin Holom"
100 cm x 120 cm

Sucht und sucht

Der Süchtige der sucht,
der sucht sich selbst,
der sucht die Liebe
in sich selbst und rennt davon.

Der Süchtige der sucht,
der sucht den Schuldigen,
die Hiebe.
Der sucht den Schmerz, die Pein und die Verachtung.

Der Süchtige der sucht.
Sucht und sucht,
schon bei Betrachtung
ein und das Selbe.

Der Süchtige der sucht.
Er gibt dem Innen keine Achtung.
Die Betäubung
sehr willkommen,
um nicht hinzuschauen,
hinzuspüren,
Gefühle sind verhasst nun.

Der Süchtige der sucht,
sucht Ablenkung, Geld und Macht,
sucht Arbeit, Sex und Autos,
sucht PS, Häuser und im Aussen,

sucht nicht im Innen nach dem Herz,
der Seele, dem Gefühl
unter dem Gewühl,
fließt Alkohol und Drogen
durch den Magen, Blut und droben,
schneit der Schnee in Nasenlöcher
pistenbreit,
selbst mit Spritzen in die Venen von Zeit zu Zeit,
manchmal auch oft,
der Schmerz soll weg
was man dann hofft.

Betäubt das Selbst, das ganze Ich,
den Schuldigen lässt man im Stich,
es ist der Mensch,
der einem sagt,
dass man lieb ist,
wert ist,
zart
geliebt zu werden
und zu lieben.

Der Süchtige,
der sucht.

Sucht und sucht,
Finden nur in sich
die Liebe leise ruft
unter der Betäubung Schmerz,
vergraben noch schlägt das flehende Herz.

MÖGLICHER ZUSATZ:

So muss er sich nicht ansehen.
Und kann bequem in Selbstmitleid vergehen.
Den Schuldigen hat er schon gefunden.
Die Sucht sucht,
anstelle die Liebe in sich selbst gefunden,
das Suchen überwunden,
gelebt zu werden,
als zu leben.
Und bequem,
wegsehen.

Weghören, was das Herz versucht zu sagen,
lieber klagen
und bei Bier und Wein,
hinein schütten in den Kragen,
paar Pillen oben drein,
so wird das Herz gleich stiller sein.

Die innere Stimme so verstumme.
Die Spritzen und schon wird es gelingen,
für eine keine Weile der Welt,
für einen winzigen Moment,
dass das Herz gefälligst sein Maul hält.

BETTINA REICHL
federleicht
POESIE & POETRY

"Santa Cruz"
120 CM X 100 CM

BETTINA REICHL
federleicht
POESIE & POETRY

DER FUCHS

Ich bin auf meinem Weg,
das weiß ich schon,
doch wenn ich einen Fuchs
in den Blick bekomm,

dann bin ich auf dem Richtigen.
Am richtigen Weg,
Das ist so schön zu wissen.

Oft ist es nur ein Pfad,
durch hohes Gras und Steine,
auf Berge, wenn ich weine,
dann seh ich einen Fuchs
und atme auf -
das gehört dazu,
und es geht auch wieder bergauf,
dann bergab,
dann hält mich mein Leben auf Trapp,
dazwischen bin ich oft schlapp,
dann heiter
und es geht immer weiter.

Durch das Gestrüpp,
nie Autobahn
gepflastert und befahren,
heißt unwegsames Gelände
und noch seh ich kein Ende.

Mein Weg ist ein Pfad,
auf den Zug, der kommt, ich wart
und weiter fährt er
ohne mich,
hab das Gefühl, bin vergessen
und lässt mich im Stich.

Nur stehen bleiben
das geht nicht,
der Himmel ist meine freie Sicht,
die Bäume schenken mir die frische Luft,
mein Herz überspringt die tiefste Kluft
und weist mich gut
der Weg auch lang und weit und mühevoll
mit manchem Leid,
hab ich die besten Weggefährten,
die mich begleiten und zum Lachen bringen,
auch in Härten,
mit den besten Werten.
Gesandt von Gott,
da bin ich sicher
vertraue darauf
und seh stets
einen Fuchs am Wegesrand und kicher.

BETTINA REICHL
federleicht
POESIE & POETRY

„Feline"
100 CM X 120 CM

DIE MUSE

Wenn mich die Muse küsst,
da muss ich schreiben,
da muss alles liegen bleiben,
die Kunst geht vor,
wie Musik ins Ohr
will gelebt werden und ich bohre,
ich rahme,
forme,
male,
tu,
und die Muse liegt da,
entspannt und schaut mir zu.
Flüstert mir die Weisheit ein,
die nie so klug könnt von mir sein.
Die Muse ist mein bester Freund,
reizt mich an
zu Neuem, Fremden, gibt mir Mut,
die Muse ist das Schöne,
wer sie sieht und erkennt,
der zieht den Hut.

Die Muse tut mir gut.
Die Muse ist mir gut.

BETTINA REICHL
federleicht
POESIE & POETRY

„The Story"
inspiriert von der Sängerin, genialen Textdichterin und Poetin Brandi Carlile
sowie vom Textdichter und Poeten Phil Hanseroth
100 cm x 120 cm

BETTINA REICHL
federleicht
POESIE & POETRY

ICH WÜNSCH MIR DIE WELT

Ich wünsch mir so viel,
durch den IKEA zu gehen mit dir,
an der Hand,
einen Kaffee zu trinken,
Servietten zu kaufen,
die wir nicht brauchen.

Wünsche mir mit dir im Bett zu liegen,
Kinder zu kriegen,
in kleinen Scharmützeln und großen Kriegen zu siegen,
beim Verlieren nicht unter zu kriegen,
lassen,
die uns hassen,
die Klamotten die Nassen,
wenn das Wasser bis zum Hals uns steht,
die Welt nicht unter geht.

Wünsche mir dich anzusehen,
deine Augen, die Hellgrauen anflehen,
dass es weiter geht,
unser Leben,
unser Zusammensein,
wird es auch nicht immer federleicht sein,
mein sein,
dein sein,
gern sein,
klein sein auf der Welt,
groß sein für uns und werde,
dich immer lieben,
immer lieben,
immer lieben,
auch wenn du mich aufregst,
wenn du auflegst,
dass du mir nie auflegst,
dass du mit mir auflebst,
dass du Freude hast am Leben,
dass wir uns die Zeit geben,
die Nähe schenken,
die Wärme halten,
den Humor behalten,
in Tagen, Wochen, Monaten, Jahren, den Kalten,
uns im Arm halten,
die Kleider falten,
die wir tragen,

vom Brot laben,
Tee trinken,
Windeln wechseln die stinken,
uns gern haben auch wenn wir hinken,
uns immer wieder sehn, auch wenn wir winken,
für einen Abschied, der kurz ist,
ein Wiedersehen, das heiß ist,
ein Kleid trage, das weiß ist,
mich schön findest, auch mit Stirnrunzel,
wenn ich alt bin und wie bei Rapunzel,
mein Haar herunterfällt,
ich wünsche mir die Welt
mit Dir
die Welt
im Hier
am besten im Jetzt,
auch wenn es mal fetzt,
die Energie Löcher in die Stoffe wetzt,
wir zu guter Letzt,
kommen mag was will.

Du mit mir
und ich mit dir
Gurkensalat mit Dill,
Du dich entscheidest für mich, weil du es willst,
ich es will,
das wünsch ich mir – ganz still.

BETTINA REICHL
federleicht
POESIE & POETRY

„Wild's Wasser"
INSPIRIERT DURCH DIE SEER UND DEN TEXTDICHTER UND POETEN ALFRED JAKLITSCH
120 CM X 100 CM

AUF DER AUTOBAHN

An was ich denk,
wenn ich auf der Autobahn fahre
von Regensburg nach Zürich
von Regensburg nach Montreux,
von Regensburg nach Genf
und zurück,
denk ich
an ein Stück
Stoff von „Cheap Monday",
die graue Jacke,
die du anzogst,
als ich deine Sachen gewaschen
und in dem Trockner geschrumpft habe,
so dass ich so gelacht habe,
als du da standest,
mit der kurzen Hose,
dem engen T-Shirt,
als ob es dir nicht gehört.
Gab ich dir die graue Jacke,
als ich sie zurück hatte,
sagtest du,
als du mich damit sieht:
„Ah, meine Jacke."
Dazwischen hattest du viel Zeit die war Kacke.
Im Hotelzimmer, nächteweise,
leider ohne mich,
ganz allein,
du dort,
ich hier
weinten leise,
und du trankst,
bis du wankst.
Ich habe Angst,
dass du dich umbringst
mit dem Gift,
oder dich der Schlag trifft,
oder dir ein Baum,
vor das Auto rennt
unsere Zukunft damit verbrennt.

BETTINA REICHL
federleicht
POESIE & POETRY

Ich denke an unser duschen,
unser baden,
unsere Essen,
das VyVu,
Tageswellness,
Anna liebt Brot,
Eis essen,
deine Hände,
deine Augen,
deine Wangen,
deine Haare
am ganzen Körper Haare,
denke und fahre
auf der Autobahn,
denke das,
was wir noch nicht haben,
nicht hatten
Emil,
Flora,
Urlaub,
Nächte,
denke an das was wir haben,
die Walhalla,
die Worte,
die Gesten,
die Taten,
das Nichtverraten,
das Warten,
das Versetzen,
das die Liebe die harten
Zeiten wo du arbeitest im Garten,
mauerst den Pool
als sei es ganz cool,
dann sagst, du musst schaufeln,
um die Wut loszuwerden,
die du hast,
nicht auf mich,
auf das Leben,
dass du nicht verlasst,
aber hasst,
denke beim Fahren,
an die Lust,
an die Tiefe,
die so tief war,
dass sie kein Ende findet,
keinen Boden findet,
sich in sich windet,
denke an die Küsse,
die Süße,
deinen Mund,
an deine Haut,
wie dein Mund das Essen kaut,
wie du schaust,
mit hellgrauen Augen,
die mich saugen,
in dich rein,
in mich rein
ich bin dein
du bist mein
wenn ich auch wein,
dass heißt nicht kein
Wort ist zu viel
keine Berührung zu viel
alles zu wenig
alles zu wenig
alles zu wenig.
Ist es vorbei?
Geht es erst los?
Ich liebe dich,
das ist noch so.
Bist du darüber froh?
Was ich denke,
wenn ich Auto fahre,
dabei wachsen meine Haare,
lang,
sehr lang
mir wird ganz bang.
Ob ich von vorn anfang?
Ob ich kann?

www.BettinaReichl.com

WOAST WOS I MOAN

Woast wos i moan.
Warum i da woan.
Es is net, wal i hab koan.
Es san de Kloan.
De kloan Sacha,
de den Unterschied macha.
Das i muass lacha,
oda Lust hab, an Kuacha zum bacha,
weil i so glücklich bin,
oder wir lassn's kracha.
All de Sacha.
De i ful,
De i gspier.
Da
und hier.
Dort
und durt.
Mit erm.

BETTINA REICHL
federleicht
POESIE & POETRY

WIE GROSS IST DEINE LIEBE

Er: Wie groß ist Deine Liebe?
Ich: Unendlich
 Unermesslich.
 Unwiderruflich.
 Ewig.
 So groß, dass ich dich frei gib.
 Weil ich dich lieb.
 Dich weiter lieb.
 Du bist frei.
 Flieg.

BETTINA REICHL
federleicht
POESIE & POETRY

©www.BettinaReichl.com

BETTINA REICHL
federleicht
POESIE & POETRY

DU HAST DIE TRAURIGKEIT NICHT FÜR DICH ALLEIN GEPACHTET

Du hast nicht als einziger die Traurigkeit gepachtet.
Sie gehört auch mir ein Stück,
wie die Freude und das Glück.
Ich bin dankbar für die Intensität,
die mir rät:
Saug alles auf,
fühl alles tief
auch wenn ich oft am liebsten weglief,
doch bleib ich da,
merk es mir gut,
jeden Schmerz
und jede Liebe,
in mir gibt mir Mut.
Mut zum Leben,
Kraft zum Gehen,
Licht zum Sehen,
Wärme zum Halten,
an dem fest in den Gedanken,
die Freiheit macht den Rest,
ob du mich wählst,
zurück kommst,
überspringst alle Schranken,
die dich halten,
festzurren,
die erträgst mit Murren,
doch bleibst,
mit betäubten Wanken.
Mit Tabletten, die den Schmerz nicht lindern,
dich nicht vor dem Handeln retten,
dir keinen Mut einbringen zu wetten,
zu lösen deine Ketten.
Das ist deins,
deins,
deins.
Meins ist, dass ich dich liebe,
frei lasse,
und doch nicht siege.
Weil ich nicht im Kampf bin,
nicht streite,
leise bin, oft in der Weite.
Nah gern wäre,
im Herzen es bin,
immer im Sinn,
bist du mir.
Immer im Hier.

Doch lässt mir das Schicksal dich kennen,
doch du liebst es, über dich bestimmen zu lassen,
von denen, die dich hassen.
Hassen müssen,
da fesseln und erpressen.
Und du lässt es zu.
Also versetz dich mal in meinen Schuh,
in mein Warten,
in all den Zeiten, den Harten,
mach ich's mir schön
und hoffe,
dass du ausgräbst deine Kraft,
die du in dir hast.
Das weiß ich, sie ist da.
Sobald du sie annimmst,
du vielleicht zu mir kimmst.
Als freier Mann.
Aufrecht.
Stehend.
Froh.
Hen.
Mut.
Es.
Dir zu.
Denn stark bist du.

Auch ich.
Ich lass dich nicht im Stich.
Doch mach nun endlich einen Strich,
in der Skizze deines Lebens,
die verbunden ist mit mir
und meinem.
Zusammen könnten wir nicht heller scheinen.
Und ich muss nicht mehr so viel weinen.
Vielleicht können Kinder keimen.
Auch die meinen.

Du weißt, das wünsch ich mir.
Von Dir.

BETTINA REICHL
federleicht
POESIE & POETRY

BETTINA REICHL
federleicht
POESIE & POETRY

"But Now, that next best of times, is long, and rewrites everything."
Inspiriert von und zitiert aus:
Powers, Richard: The Overstory. London: Vintage, 2019. S. 37.
120 cm x 100 cm

DIE GNADE

Baum im Zaun,
Zaun im Baum,
die Zeit,
die Liebe,
übersteht alles
in Gnade,
das ist die Gabe.

OBACHT

Obacht,
ganz unbedarft,
voll Liebe und Sein,
im Tageswellness,
nie geschafft,
hin zu gehn, in die Saunalandschaft.
„Jez wern ma Eltern! Bist bereit?"
Und dann haben wir uns scho gfreit.
Namen auch, alles war klar,
wir sind ein Paar.
Die rosa Schmetterlingschar,
in unserem Haar.
So gern ich es wollte,
die hellblauen Striche vermissten den Zweiten
es blieb nur einer,
heißt keiner.
Wie gern hätte,
hätte,
hätte,
dann rudertest du zurück,
zurück,
zurück,
Ausgangslage, unglücklich,
im Alten,
nicht wagtest das Neue,
im Herzen Treue,
getrennte Leiber,
am Donnerstag wird's ein Jahr,
dass ich alleine von Zürich und Regensburg hin und her fahr.
Es ist mir wie Jahre, und gleich wie ein Tag,
dass ich dich rieche,
berühren,
deine Nähe mag.
Und langsam verzag.

Die Erinnerung in meinen Gedanken trag.
Und gehe nun weiter.
Auch ohne dich.
Denn du lässt mich im Stich.
Ich rette mich.
Vor Einsamkeit und Trübsal,
Müßiggang und Traurigkeit,
die ich tüchtig meid.
Ich lebe und feiere mein Sein,
da auf der Erde hier,
dass ich gesund und tu das kund,
ich lebe,
ich lebe,
Viva,
ich lebe.
Darauf das Glas ich hebe.
Viva.
Viva.
Viva.
Auf das Leben,
auf die Liebe,
auf die Freiheit,
Gesundheit,
dass das so bleibt.
Auf heit.
Auf alle Leit.
Viva,
wir leben.
Wir leben.
Wir leben.
Lasst die Freude beben.
Spüren in die Zellen, im Blut.
Wir leben,
wir leben,
alles ist gut.

„Bibiana vor dem Wasserschloss Gebelkofen"
120 cm x 100 cm

BETTINA REICHL
federleicht
POESIE & POETRY

FRUCHTBARE JAHRE

Fruchtbare Jahre,
bei der Frau,
wohl bedacht.
Gut überlegt,
mit wem ein Kind gemacht.
Gut gewählt,
sieht jeder anders,
es gibt den Aufstieg im Stand,
eine gute Familie,
ein politisches Band,
eine Absicherung,
Ruhm und Einfluss,
Spaß und Plan,
weil es dazu gehört,
im Eheplan,
in der Gesellschaft,
dazu zu gehören,
es gibt den inneren Wunsch,
den starken Drang,
es gibt den Wunsch,
Hoferben und Clan,
Kanzleiübernahme, Firmennachfolge,
den Namen zu sichern,
Lust und Freude,
alles Gründe,
es gibt die Liebe,
die sich ersehnt,
in die Augen des Liebsten,
in Kinderaugen zu sehen,
pures Wunder wachsen zu sehen,
im Leben dabei zu stehen,
mit den Jahren mit zu gehen.
Lernen zu sehen,
aufwachsen zu sehen,
hinfallen und aufstehen und weitergehen,
das alles sehen,
staunend stehen,
mit allem was kommt,
allen Kräften den Zauber der Liebe
als Menschen erkennen,
als neue Chance,
es gut zu machen,
zu lachen,
zu weinen,
Gefühle, die meinen, die seinen, die ihren.

Es ist nicht so,
ich würd mich zieren,
vielmehr ist es so,
ich hab noch nicht den Richtigen gefunden,
lange nicht,
und nun weiß ich wer,
er weiß es auch,
nur ist es schwer.

Er wird erpresst,
dass er dort bleibt,
oder von seinen Kindern sonst ablässt,
weil die andere,
sie ist nicht seine Frau,
ihm droht,
die Kinder wird er nicht mehr sehen,
wenn er mich trifft,
mit mir geht,
zu mir steht.
Er liebt die Kinder,
die er hat,
sie gehen vor,
das seh ich so.
Nur verrinnt auch meine Zeit,
ist blockiert,
in der ich ein Kind kann bekommen,
die Zeit bei Frauen ist begrenzt,
die andere, der das Genugtuung gibt,
mir einen Hieb.
Vielmehr, mich schmerzt in Bein und Mark,
wenn mich wer fragt,
ob ich Kinder hab.
Wieviel?
Nicht mal eins?
Das ist doch schade!
Du wärst so eine gute Mutter!
Für mich der Abend, oder Tag,
an dieser Stelle endet.
Mir die Augen über gehen,
bleibe stumm,
das alles ungesagt.
„Ob ich denn nicht auch noch ein Kind mag?"
„Würd mir doch so gut stehen!"
„Jetzt muss ich aber Gas geben!"
Können sichs die Leute nicht einfach schenken?

„Lass Dir doch eins machen!"
„So viel Männer sind da, die das gerne übernehmen!"
Nein danke.
Ich nur sag.
Und am liebsten heim gehen mag.
Weg gehen.
Aufstehen.
Umdrehen.
Abhauen.
Aus dem Weg gehen, allen die mich anschauen.
Was nicht mit mir stimmt.
Warum ich keinen nimm.
Warum mich keiner nimmt.
Warum ich alle wegschicke.
Abblitze.
Bernd nennt das wie einen „wunderschönen Panzerschrank,
Zahlenkombination unbekannt".
Dabei würd ichs lieben,
nichts lieber,
als Kinder kriegen,
doch nicht mit jedem,
nicht einfach so.
Ich will ihn lieben,
dass er mich liebt ebenso.
Ich will den F.,
den will ich so.
Er is.
Sein Kind will ich tragen.
Ich warte schon lang.
Bin am Verzagen.
Sie lässt ihn nicht gehen.
Er hat sie abgesichert, sehr gut.
Ich verliere den Mut.
Dass ich ohne ihn bin,
das ist schlimm,
ohne Kind,
mein größter Wunsch
auf Erden.
Wer weiß,
ob wir noch Eltern werden?
Das Kind wär aus Liebe entstanden.
Sie spielt mit grausamen Karten,
die meine fruchtbaren Jahre die Zarten,
einsetzt, für ihre Mittel,
den Gewinn.
Sie sieht für sich darin den Sinn.

Das hat sie schon erreicht.
Jeden Tag,
an dem ich nicht halte mein Kind,
sie tobt und schreit und erpresst,
dass er sonst verliert die seinen,
ich könnte weinen.
Er nimmt ab,
das Essen schmeckt ihm nicht,
wie das Leben mit ihr,
wenig Licht.
Seine Kinder, wie Sonnen,
geben ihm Kraft,
ich hoffe,
dass er es noch schafft,
seine Energie in ihm zu finden.
In seiner kontrollierten Haft.
Sein Selbstbewusstsein sie bereits gebrochen,
gemeine Sachen werden gesagt,
kein Wunder,
dass er verzagt,
dass er trinkt,
in Verzweiflung versinkt.
Sich nicht raussieht,
aus den Tiefen,
dunkle Gestalten ihn schon riefen.
Ich hoffe,
dass er widersteht,
dass er mit Kraft aufrecht steht,
dass er weiter geht,
seinen Weg,
frei.
Die Liebe in sich selbst findet.
Er statt sich leben zu lassen,
seinen eigenen Wert findet,
aufgibt, was ihn hindert,
das Trinken und den Rest,
das ihn nicht nüchtern ertragen lässt,
was ihn stresst.
Was ihn alt macht,
krank macht,
schwach macht.
Dass er bald aufwacht,
von seinem Alptraum,
selbst der Baumeister mit hohen Zaun.
Alles regelt,
nicht bricht,
statt erbricht
ihn der Hafer wieder sticht.

BETTINA REICHL
federleicht
POESIE & POETRY

ER HAT NICHT DEN MUT ZUR LIEBE

Er hat nicht den Mut zur Liebe,
er zieht vor,
erträgt die Hiebe,
die schlechten Worte
und die Schmach,
dass er dort bleibt,
wo er es kennt,
nicht davon rennt,
weil er denkt,
er hat's verdient,
das sei der Preis,
der für ihn verhängt,
wie er früher war und kränkt,
seine Seele,
die gut,
seinen Geist,
der schlau und voll Mut,
betäubt beide,
legt sich an die Fesseln aus Eisen,
trägt sie mit sich,
durch das Leben,
die Kette hält fest,
jene, die er sie will geben,
für seine Pein,
zuständig sein.

BETTINA REICHL
federleicht
POESIE & POETRY

ENT - FLO

Hast du schon gehört?

Er ist sei 5 Tagen verschwunden.

Was sagst Du dazu?

Bei mir ist er nicht.

Das kann er doch nicht machen.

Du weißt nicht, was davor geschehen.
Was gesagt.
Jede Reaktion steht im Verhältnis.
Was macht, dass ein Gefühl es schafft,
zu meinen, man kann nicht mehr zurück.
Der Körper trägt einen nicht mehr zurück.
Kein Stück.

Er hat nichts gesagt.
Keiner weiß, wo er ist.

Er ist seit vier Jahren verzagt.
Er lebt ein Leben, das nicht seins.
Das er nicht wollte, wo er festgehalten.
Eingesperrt, gekettet.

Vielleicht hat er sich nun gerettet.
Ent-Flo.
Aus seinem Haus.
Er musst raus.
Will nicht mehr zurück.
Dort sieht er nicht sein Glück.
Kein Stück.

Man weiß nicht, wo er ist.

Er weiß, wo er ist.
Er ist zum ersten Mal bei sich.
Denkt nach.
Über sein Leben.
Wie er weiter machen soll,
weiter machen kann,
oder das alte aufgeben.

Er ist nicht verschwunden.
Er ist wo mit sich.

Er könnte tot sein.

Das ist er nicht.

Woher willst du das wissen?

Ich würd es fühlen.
Er ist nicht tot. Er ist am Leben.
Er hat sich eine Auszeit gegeben.
Er ist nicht verschwunden.
Er ist entflohen.
Er hat es geschafft.

Ob er in sein Gefängnis zurück kehrt,
das wird man sehn.
Der innere Drang,
nach vier Jahren Kontrolle es schafft,
dass er wieder Kraft in ihm entdeckt,
noch nicht gebrochen.

Er ist nicht verschwunden.
Er will nur nicht werden gefunden.
Von jenen die ihn wollen halten.
Mit Mitteln, die nicht als fair galten.
Vielleicht hat er keine Lust mehr,
sich lassen zu erpressen.
Lieber sich selbst in die Nesseln zu setzen,
die stechen,
als weiterhin gefangen im eigenen Haus,
von einer Frau, die ihn saugt aus.
Auf seine Kosten.
Sicher auch die ihre Energie,
ich erinnere mich noch, wie sie am Telefon
log,
tobend brüllte
und rasend schrie.

BETTINA REICHL
federleicht
POESIE & POETRY

Die Einzigen,
die unschuldig darunter leiden,
sind die Kinder,
die zwar nun haben Pool vor dem
Architektenhaus
und goldene Schuh,
der Preis kein Zuhause
mit einer friedlichen Umgebung,
da kommen sie nicht zur Ruh.

Sicher wird schon gezerrt,
das er den Weg dort hin wieder findet.
Das ist noch offen, ob er es zulässt,
dass ihm die Ketten wieder wer anbindet.

Soweit ist's so -
er ist der,
der Ent-Flo.

Eine gekaufte Familie,
die nur dort ist,
mit ihren Schwestern und ihrer Mutter,
wegen dem Geld,
wenn das ausbleibt,
dass er funktioniert,
kein Vermögen mehr generiert,
alles probiert,
ihn zu unterdrücken und zu kontrollieren,
mit Worten gedemütigt,
bis er pariert.

Riet ihm damals:
Schenk ihr doch das Haus,
versorg sie gut,
dann hat sie das
und dir geht's gut,
dein Ausschlag geht weg,
Du kannst wieder essen,
ohne Darmprobleme,
ohne Ekzeme,
aufgrund der Seelenhygiene.

Hab mich zurück gezogen vor einem Jahr,
bei mir war er seitdem nicht mehr da.

Sie arbeiten sich ganz allein,
von selber auf.
Es ist nicht, dass er nach einem Jahr ent-flo,
er sind vier Jahre, dass er aushielt so.
Nicht mehr er-tragen.
Vielleicht ist er jetzt der Mo,
der des so,
nimmer ko,

Er ist nicht verschwunden.
Er ent-flo.

BETTINA REICHL
federleicht
POESIE & POETRY

„VALERIA"
120 CM X 100 CM

BETTINA REICHL
federleicht
POESIE & POETRY

„Florian"
120 CM X 100 CM

DIE ÄSTHETIK DES HÄSSLICHEN

Sichtbeton.
Sichtbeton.
Sichtbeton.
Uni Regensburg.
Darin Hörsäle ohne Fenster.
Ohne Tageslicht.
Ohne Luft.
Geschweige denn frische Luft.
Grau.
Sichtbeton.
Bauhaus.
Ingolstadt.
Flachdach.
Sacramento.
Beige Häuser.
Cappuccino Farben,
braun.
Schlammig.
Trostlos.
Braun.
Burgweinting.
Lappersdorf.
Aschaffenburg.
Sticky Fingers.
Schwarz.
Neutraubling.
Bogen bei Straubing.
Albert Schweizer Realschule,
ein Schüler schrieb an seinen imaginären
pen-pal: „It looks like a prison."
Ich malte ihm einen Smiley daneben und
schrieb „So true."
Kein Baum.
Roding.
Salzgitter.
Reno.
Harnau.
Fribourgh.
Stuttgart.
Konradsiedlung.
Glasscherbenviertel.
Bisher.
Dem ist nichts hinzuzufügen.
Orte ohne Dich.
Da will ich nicht mehr hin.

ALLEEN UND FENSTER

Die Allen, die standen
von Bad Abbach im Spalier,
die Bäume abgesägt,
die Stämme fanden
das Feuer,
die Vögel, die Blätter, die Augen der Suchenden,
vermissen die Allee,
die ich nun nicht mehr seh.
Nur im inneren Auge,
Erinnerung und weine,
wer sie hat abschneiden lassen,
dem mach ich Beine
mit diesem Gedicht,
spuck ich auf den,
der Alleen fällt, sie in Auftrag gibt zu fällen,
in Egglfing nach Obertraubling,
jedesmal könnt ich brüllen,
weinen und schluchzen,
mir tun die Augen weh,
da ich die Bäume nicht mehr seh.

Hässlich ist die Fahrt nun,
traurig dieser Weg,
der niemanden verabschiedet,
der geht,
oder willkommen heisst,
der Straßenrand als Begrüßungskomitee verwaist.

Soll es nun so weiter gehn?
Bleiben keine Bäume stehn,
die gepflanzt vor hundert Jahr und mehr,
von Menschen die das Schöne wollen,
warten mussten, bis sie wachsen,
vom Himmel nun weinen werden,
da gefällt die stolze Pracht,
die am Straßenrand wohl keinen Sinn mehr macht?

Was macht mehr Sinn
als ein schöner Weg,
den jeder hier auf der Welt
hin und her geht?

Gut fürs Gemüt,
wie Fenster,
durch die Licht,
wie das Helle,
Leben,
Tag ins Dunkel sticht.
Doch auch die werden zugemauert,
man wünscht sich jetzt wohl keine Sicht?

Dabei bin ich für Licht,
für Sonne,
Wonne,
Freude,
das Schöne
und das fürs Herz,
das ist mein Ernst,
das ist kein Scherz.

Mit dieser Entwicklung blutet mir das Herz
vor Schmerz.

Ich schäme mich,
unsere Zeit,
hat für die Ästhetik
für die Seele,
für die Zukunft,
wirklich nichts gemacht.

Außer zugemauert
und viel kaputt gemacht,
das bissl Jugendstil das blieb,
für eine Kultur „Hab Euch lieb",
gab es nur einen Hieb?
Baum ab.
Fenster zu.
Blinde Kuh.
Hu-hu.
Sichtbeton.
Augen zu.
Raus bist du.

BETTINA REICHL
federleicht
POESIE & POETRY

BETTINA REICHL
federleicht
POESIE & POETRY

BETTINA REICHL
federleicht
POESIE & POETRY

BETTINA REICHL
federleicht
POESIE & POETRY

BETTINA REICHL
federleicht
POESIE & POETRY

BETTINA REICHL
federleicht
POESIE & POETRY

Für
Fenster, durch die Licht scheint.

Für
Straßen, die bewacht von Bäumen, die sie säumen.

BETTINA REICHL
federleicht
POESIE & POETRY

„Mercedes"
120 CM X 100 CM

BETTINA REICHL
federleicht
POESIE & POETRY

„Matthias"
120 CM X 100 CM

MY FRENCH

I wish my French were better,
to express my feelings,
in this matter
when I'm happier or sadder.

In French, everything sounds better,
the emotions,
if angry, nice and bitter,
I wished, I'd rather

write it down in French,
with all the accents,
circonflexe, aigu and *grave*,
the sweetest revenge

would sound poetic
magnificent,
the pure phonetics,
is all aesthetics,
but my French is just for kissing,
written bold pathetic.

BETTINA REICHL
federleicht
POESIE & POETRY

„Que je t'aime"
inspiriert vom Sänger Johnny Hallyday, vom Komponisten Jean Renard
und dem genialen Textdichter und Poeten Gilles Thibaut
120 cm x 100 cm

AND SHE IS ROSÉ

Everyone's white and she is rosé.

Don't get me wrong,
that's what I supposed the very first time
I saw you:
She doesn't fit here in this crew.

Everyone's white and she is rosé.

When I heard that my heart-beat rose.

He didn't feel shy to say it like that.

He sees me in color,
who would have guessed that?

I realized he's special right away.
Is there any way, more beautiful to say?

At that point I thought, gosh, I'm in love.
With this single sentence, I fell for him.

Trying hard
not to commit the sin,
avoiding confessions, in not to begin.

After that,
I try to avoid
all situations leading right into bed.
Oh my gosh,
what is he hot!
Oh my Lord,
seeing him on the board.

Mother Mary, please help me carry

all that fun

- undone.

He continued like that
being cute
even seeing him from far away

immediately I'm in a good mood.

BETTINA REICHL
federleicht
POESIE & POETRY

„Rosalie"
120 cm x 100 cm

IN ALL MY BOOKS

In all my books
I've ever read,
there was no man,
like in my bed.

No regrets,
only desire,
all the authors
seem like liars.

His skin is tender,
soft like mine.
Our pure lust
makes it shine.

Like a dessert
he tastes and smells,
no whipped cream needed
in this case.

Hot and sweet
breathing his air,
feeling the heat
not to bear.

In full excitement,
all of his,
deep into my cells,
in pure bliss.

I feel his body's
muscles strength.
He knows exactly
how I bend.

Like everything else,
I do like his hands.
They are right
touching my sense.

Knowing the way,
taking the key,
opening the door,
entering the bay
to paradise -
oh God - how nice!

Not to believe
a scene like that,
a miracle,
that we met.

His magic makes me
weak and strong
and me a poet
writing this song.

Knowing when
to move and not,
in every room
he finds the slot.

My heads in the clouds
feeling to fly,
a rocket never
got so high.

In the morning
even dressed,
I have to say,
I was impressed.

He made me tea,
still looked like blessed.
In every way
he is the best.

God made Mephisto
jealous of him,
creating art in
beauty like sin.

Haven't they ever
felt like that?!
With a hero
in their bed!

BETTINA REICHL
federleicht
POESIE & POETRY

„Leopold"
120 CM X 100 CM

BETTINA REICHL
federleicht
POESIE & POETRY

I'M HERE

Come on
my dear
you're serious?
- I'm here.

I did my hair
showered
and creamed lotion with care.

Blowdried
and used pin curler
perfect for red carpet - light.

And where are you?
The best of all?
You were - what?
No, not late.
You - are you serious?
Not - confirming the time of the date.

I cleaned my flat
vacuumed
and all that.

Mopped the floor,
scrubbed the bathroom
every corner - to the core.

And you - excuse me!
I thought I didn't hear right
even want to start a fight.

About a date,
I thought we had
and you - excuse me,
I can't believe it -
I ALMOST HAVE TO LAUGH.

I started cooking
long ago
- mouth watering from looking.

Of course, why not?
I need more courses
drove to the supermarket like on burning horses.
- and, guess what: bought a lot.

Of course wine,
not only one bottle
everything for the darling mine.

Not only that
I did my nails.
Painted them on toes and hands - what else: red.

And after that
that you got fed
there are new sheets - on my bed.

For whom I ask myself now
he doesn't know he says, there is a date,
and not - I wish - just late.

And when I have the guts to ask,
why did you not tell me a little earlier,
my dear,
he takes off his mask.

Becomes an ass,
so much is said,
so much to that,
that he's annoyed,
too much pressure
for him in his head.
Tries to agree with words,
searching for arguments
like a beggar for coins.

He needs his freedom,
for tonight - so far.
I eat my dishes
all courses - tremendous delicious.

Does he think
I shed a tear?
Oh no my dear -
your fault - you are not here.

We had a date
I am secure
and I am here.

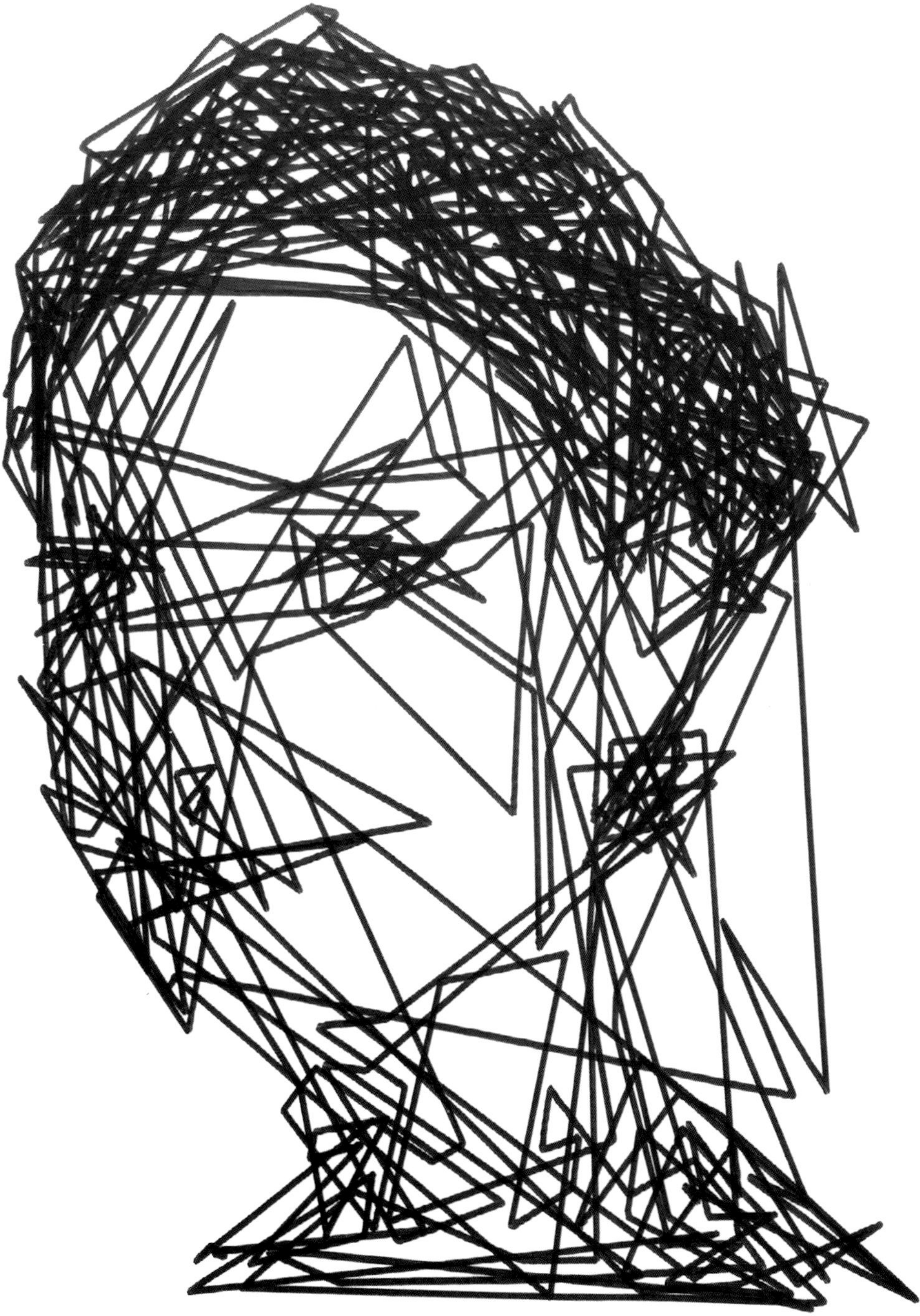

TURNED THE POEM INTO A SONG

Seeing you
I knew,
something is about to come.

What the heck
that would be
I had no clue.

Random it seemed
you crossed my way,
and the feeling came back.

Every week or two
in a bar or club
you loved.

I felt it
how you looked at me,
the same way I felt for you.

Once drunk
you kissed me out of the blue,
about that, your memory didn't have a clue.

That's how it went on,
occasionally we met,
into the resonance we sunk.

Eventually
you made the move,
and turned the poem into a song.

Absolutely right
the sense, words
and chemistry.

We felt it both,
even sober
and that all at first sight.

Talking,
drinking, eating,
Being with or without clothes.

One evening again,
I decided to let you know
and started making the song in which I sang.

On the bench
I let you listen
to the recorded song, almost you ran.

Like the mind,
almost in panic,
therefore no thinking about kissing french.

BETTINA REICHL
federleicht
POESIE & POETRY

„Anastasia"
120 CM X 100 CM

MAKE OTHER PEOPLE DANCE

What the hell
do I know,
how it works
and where to go.

The only thing
I'm capable of
is that I'm sure
you are fond of.

Fond of music,
fond of sound,
love the rhythms
and all around.

All that world
is what you are,
that's your home
there, you are the star.

Why only playing
the music for yourself,
why not for once
make the others dance.

With your sound
you create
your fate.

That you can do it,
you proved it
so far
in this case
being humble
is sad -
your talent is creating
and successful as well,
I bet.

You hope, you won't regret,
take your time,
to think it over,
maybe it had a reason,
that we met.

And the reason was not love,
but that.

BETTINA REICHL
federleicht
POESIE & POETRY

„Miloš und Fanny im Silber"
120 cm x 100 cm

BETTINA REICHL
federleicht
POESIE & POETRY

IM FLUSS

Der Strom fließt schnell
das Wasser peitscht
wie in der Donau ihre Strudel
haben ihre Kraft
die Leben gibt und lasst
uns das Element,
das bahnt sich seinen Weg
auch uns durchfließen hell und rot
voller Energie und Lust
wie die Gedanken Fische
gegen den Strom,
laichen bergauf,
fühlen sich wohl,
frisch und fidel
schwimmen sie
atmen sie,
paaren sich,
laichen wohl am schönsten Ort,
ob Donau, Moldau, Limmat dort
gesund und munter
immer fort.

BETTINA REICHL
federleicht
POESIE & POETRY

„Wiegenlied "Berceuse Op. 9
inspiriert von Ludolf Nielsen: interpretiert
vom Radiosymphonieorchester Frankfurt am Main
120 cm x 100 cm

LIKE A TREE

Stay like a tree
honor your roots
and grow tall in the sky.
A storm can blow
a storm can shake
you will wave
you will not break.
Stand tall.
Grow straight
you know the right way.
Your head in the clouds
your crown wide with leaves grass-green
shining gold in the light
your roots will hold you
grow your own height
stay straight and look up to the light,
stay
straight.
Grow straight into the light.
Bright.

BETTINA REICHL
federleicht
POESIE & POETRY

„Meine Eltern"
100 CM X 120 CM

BETTINA REICHL
federleicht
POESIE & POETRY

KONDITOREI OPERA

Das Opera
in Regensburg
in Bayern.
Zu jeder Zeit ein Grund zu feiern.
Das Zuckergebäck, Kuchen und Torten,
die gibt es hier in Sorten
die mein Herz entzücken
mit Liebe gebacken
in Marzipanzacken
mit Puderzucker bestäubt
die Liebe durch den Magen geht
hier nicht ohne Grund eine Schlange
die ganze Prüfeningerstraße vor dem Laden steht,
auch sehr gerne,
es wird geratscht
was es neues gibt und Tratsch
gehört zu Kaffee und Kuchen
wie Sahne und die Butter,
ob Pariser Trüffeltorte weiss ob schwarz,
Schokobananenkuchen oder Himbeergebäck
hier bin ich daheim,
bei diesem Duft,
hier darf ich sein,
hier krieg ich Luft.

BETTINA REICHL
federleicht
POESIE & POETRY

„Odette"
120 CM X 100 CM

MEINE FREUNDE SIND MEIN REICHTUM

Mein Reichtum
sind meine Freunde.
Wehgetan, verstoßen, gemobbt, freigestellt,
verachtet, gemieden, verhöhnt,
gedemütigt, an den Pranger gestellt,
ungeachtet was war,
was ist,
sie kennen mich,
sie lieben mich,
sie halten zu mir
in der Not,
in der Freude,
lachen über all die Sachen,
die uns zum Weinen bringen,
hilft der Humor,
sie lustig zu besingen,
dass nichts mehr schwer wirkt,
was noch schwer getragen,
alles leicht ist, weil die Macht entzogen
allen die versuchen
das Leben einem schwer zu machen,
Freunde können darüber nur lachen.
Unmöglich auf längere Sicht,
gute Freunde erzählt,
der Versuch uns zu schwächen,
schon im Ansatz zerbricht.

Die Liebe und Loyalität
ist so mächtig und leuchtend,
so schön und so rein,
man möchte immer zusammen sein
und ist man,
auch über Ozeane getrennt,
ein Wort und man kein Alleinsein kennt.

Ein Gefühl von Verbundensein und Wärme,
von Halt und von Leichtigkeit und Tanz,
jede Situation ein Urlaub ist und ganz
schön wird das Leben durch Freunde.

Die Ehrlichkeit und Offenheit
der Schlüssel ist
für Raum und Zeit,
die keine Wirkung hat bei Freunden,
ob in der Kindheit schon getroffen,
die Guten im Leben
behalten und offen
die Gespräche die Guten und die Prekären,
es gibt nichts zu verwehren,
auf Augenhöhe ist es erlaubt,
alles zu sagen,
alles zu sein,
alles zu wagen,
ohne Maske und Schein,
ganz wie man ist,
mit allem und nackt,
ein wahrer Freund
nicht zusammen sackt,
wenn man sagt ja,
wenn man sagt nein,
bei Freunden darf man sich selbst sein.

Man gibt und fühlt sich beschenkt,
ich danke meinen,
die Besten,
mein Reichtum,
ich muss in Dankbarkeit aus Freude weinen.

BETTINA REICHL
federleicht
POESIE & POETRY

STAMMTISCH DER BESTEN

© www.BettinaReichl.com *federleicht*

„Stammtisch der Besten"

Dr. Alfred Leupendeur,
Phuc Huynh,
Alexander Deutsch,
Dr. Bernd Aulinger,
Dr. Joachim Fuhrmann,
Martin Schiessl

6 x
100 cm x 120 cm

BETTINA REICHL
federleicht
POESIE & POETRY

„Barbara Di Federico"
100 CM X 120 CM

BETTINA REICHL
federleicht
POESIE & POETRY

„Pia und Émile Reymond"
100 cm x 120 cm

BETTINA REICHL
federleicht
POESIE & POETRY

„Laura Barta & Katelyn Grace Barta"
100 cm x 120 cm

BETTINA REICHL
federleicht
POESIE & POETRY

„Erin Lynn Robbins & Brody James Robbins"
100 cm x 120 cm

BETTINA REICHL
federleicht
POESIE & POETRY

„Rainer Fleischmann"
100 CM X 120 CM

BETTINA REICHL
federleicht
POESIE & POETRY

„Frank Gindler"
100 CM X 120 CM

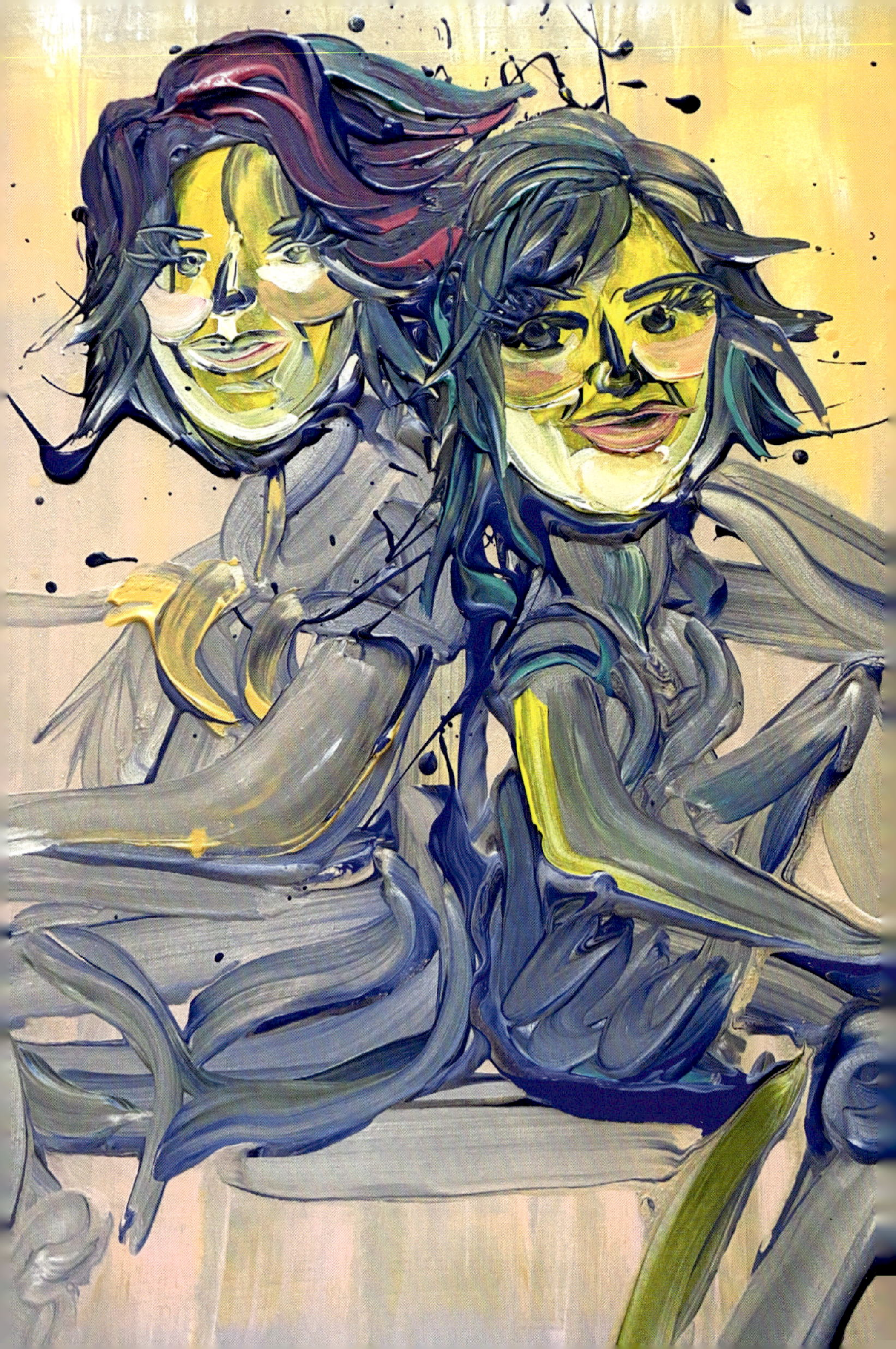

BETTINA REICHL
federleicht
POESIE & POETRY

„Nikki und Alexa"
120 cm x 100 cm

BETTINA REICHL
federleicht
POESIE & POETRY

„Sommer Rom"
120 cm x 100 cm

Foto: Alberto Villafuerte Ruef

BEIM MALEN

BEIM RAHMEN

BETTINA REICHL
federleicht
POESIE & POETRY

WEGEN DIR

WEGEN DIR

Wegen DIR steh ich heut auf,
wegen DIR geh ich heut raus.

Wegen DIR,
wegen DIR,
wegen DIR.

Sag's mir bitte wenn ich irr,
warum bin ich bitte hier!

Wegen DIR,
wegen DIR,
wegen DIR.

Auf der Straße wenn ich frier,
hol ich Croissants, oder auch ein Bier.

Wegen DIR,
wegen DIR,
wegen DIR.

Und steht im Weg ein Tier,
Gott, was ist das? Wu! Ein Stier
lauf ich schnell zurück zu Dir
bring Dir das Croissant und mir das Bier,
warum steh ich überhaupt auf,
aus dem warmen Bett mit Dir,
geh raus und renn vor einem Stier,
korrigier mich, wenn ich irr:

Wegen DIR,
wegen DIR,
wegen DIR.

WEGA DIEA

Wega DIEA steh i heit af,
wega DIEA geh ich heit ausse.

Wega DIEA,
wega DIEA,
wega DIEA.

Sag's miea bidde wenn i iea,
warum bi i bidde hier!

Wega DIEA,
wega DIEA,
wega DIEA.

Af da Straß wen i a friea,
hol i Croissants, oda a a Biea.

Wega DIEA,
wega DIEA,
wega DIEA.

Und stet im Weg a Viech neba mia,
Gott, wos is des? Wu! A Stiea
laf i schnell zruck zu Dier
bring Dirs Croissant und mias Biea,
warum steh i übahabt af,
aus dem woama Bedd mit Diea,
geh ausse und renn voa am Stiea,
korrigier mi, wenn i iea:

Wega DIEA,
wega DIEA,
wega DIEA.

Foto: Jessica Bachmann

BETTINA REICHL
federleicht
POESIE & POETRY

„Greta"
120 CM X 100 CM

SHOULD HAVE BEEN NICER TO MY CAT

Valentin,
from the beginning that we met
I thought, what a beautiful name is that.
In a restaurant so packed,
asking me out was hard I bet,
even your parents looked at that,
I like courage, so „yes" I said.

It is not that I regret,
it was interesting that we met,
but you should have liked my cat,
that is something you regret,
but in life - sometimes count's that.

Best in university, you said,
studying medicine isn't easy I bet,
summa cum laude diploma in your hall showed that.
Experiencing social intelligence in bed,
in your work, your car, we met,
meeting your family I don't regret.
But you should have been nice to my cat.

Spending Easter in your parents house you said,
an platinum engagement ring I get,
you are so happy that we met,
you will keep me and move to Berlin and that,
what a nice plan you made I bet,
but you should have been nice to my cat.

Knowing your boss, your friends, your life, like that,
had I a list it would fit since we met,
tall, handsome, smart even with hat,
your hobby - fun in bed.
But you should have been nice to my cat.

Dark, crowded furniture in your flat,
you get angry while cooking I bet,
not even Sheldon would behave like that.
„Sheldon has only one doctor's title and I have two!" you said
a weird feeling is what I get,
because that is also how he behaved with my cat.

Of course she walked around in his flat,
walked in the bathroom all freaked out he get,
this is when I did regret,
when he got angry in bed
that we met.
He should have been nicer to my cat.

Five in the morning it was when I said,
„That's new for her. She's afraid and that
she miows is normal, its a cat."
When he can't sleep I will drive home I bet,
he didn't realize I would't come back.
"Emma, we go home.", I said.
He should have been nicer to my cat.

Everything else in his flat,
even my earrings I left back,
just the purse in my hand and my cat,
the best feeling I had.
That decision I never regret.
It was the last time, that we met.

He should have been nicer to my cat.

The next day, he was waiting for me in his flat,
he wrote "it was new for him and that
he wasn't used to the cat",
was trying to call, writing and that,
wasn't good for his ego I bet.
„Not today" were the last words he get.
He should have been nicer to my cat.

No desire appears since then to meet.
That's how I walked out of his bed,
at five in the morning like that,
left in the dawn his dark flat,
in my white one I'm happy about that,
now, he's just somebody I met.
He should have been nicer to my cat.

He might be frustrated, angry or sad,
but he can't be mean to me or my cat.
No chance that he will understand that,
I'm glad that he's just somebody I met.

BETTINA REICHL
federleicht
POESIE & POETRY

„Valentin"
120 cm x 100 cm

THE CHANCE

Is there any chance,
to know in advance?
If we will ever dance?

Is there any chance
that you will ever dance
to Johann Strauß
to walz, and it's in the kitchen of your house.

Is there any chance,
that you will take my hand
after you ask me to dance?
Is it possible, that I felt it in advance?

Is there any chance,
that you will finally realize,
that I'm the finest
what ever saw your lens?

Is there any chance,
that you knew it in advance
and not only felt it in your pants.

Is there any chance,
that your "gut-feeling" as you call it
- danced.
That you treasure me,
because of what you sensed.
- That you did the right thing
- in advance.

And that you finally know it now
you asked me to dance
the Blue Danube Walz
- always now and a promise in advance
from now on always, no more in advance,
lucky you - you took the chance.

BETTINA REICHL
federleicht
POESIE & POETRY

„Sebastian"
120 CM X 100 CM

DU KANNST

Ich hab überlegt
schreib ich's auf englisch,
dass du durchaus kannst,
entschied mich für deutsch,
dass du mich gut verstehst
und es nicht nötig ist,
dass du es zwischen den Zeilen lest,
dass du mich kannst.

Mich küssen kannst
als die Zeit war,
mich lieben kannst
wild nach der Bar,
mich kosten kannst
so heiß, fast gar,
mich halten kannst,
bis ich fahr.

Die Wahrheit ist,
dass du mich kannst
mich führen durftest,
wenn du tanzt,
mich anrufen durftest
wenn Du kannst
zum Reden als auch
ohne Worte schweigen kannst.

Zum Duschen in der Dusche
und danach wenn du noch kannst.
So dass du danach
im Bett noch tanzt
und außer Frage
nochmal kannst.

Und jetzt sag ichs dir auf deutsch,
dass du mich kannst,
mir mit deinem Koks
gestohlen bleiben kannst.
Mir mit deinem Instrument
die Tonleiter hinunter rutschen kannst,
wie ein Hund
solang den Mond anheulen kannst
dens auch nicht kümmert,
selbst wenn schon deine Jeans ausfranst.

Auch wenn ich nicht davon ausgehe,
dass du das verstehen kannst,
dass ich mir zu schad bin für
Perlen vor die Säue,
die du auch mit dem Orchester
nicht wieder aufsammeln kannst,
nicht mit klassischer Musik
überspielen kannst,
dass diese Frau
dir nicht nach der Nase tanzt.

Selbstverliebt
in die eigenen Melodie,
die nicht mehr schön klingt,
wenn man dich näher kennt
und selbst mit seiner eigenen Stimme singt.

BETTINA REICHL
federleicht
POESIE & POETRY

„Golden Girl"
100 CM X 120 CM

FRENCH

I wished,
my French were good enough to rhyme.
It's the most beautiful language
and I cannot speak,
that's a crime.

Ich wünschte ich könnte sagen
auf französisch, was ich denk,
alles würde schöner klingen,
mich durch die Ebenen tragen,
als würd ich singen.

Doch so gut, wird es nicht werden,
bisher nicht,
vielleicht wirds noch werden,
doch möcht ich es anmerken,
ich liebe es der Sprache zu lauschen,
fahre an Orte, wo sich Menschen in schönen Worten austauschen.

Oh wär ich nur gern,
eine von ihnen,
die französisch sprechen,
statt nur zu lächeln.

*Merci beaucou*p,
für eine Sprache, die so klingt,
als sei sie schöner als Gedichte,
als sei sie schöner als die Blumen,
als die Abendruh.

BETTINA REICHL
federleicht
POESIE & POETRY

„Montreux"
100 CM X 120 CM

NACHBARN

Ich sitz hier
mit meiner Nachbarin
auf dem Laubengang
und hör die anderen debattieren.

Ich sag noch,
lass dich nicht verwickeln,
die anderen streiten, hörst,
lass uns nicht involvieren.

Und sitzen da
und lachen
erzählen uns vom Tag,
der Arbeit und Männersachen.

Da klopft eine Stimme vom Balkon,
wie ein Specht,
wie ein Vorschlaghammer im Sommer -
die Stimme ein Megaphone:
Bettina, Bettina, Bettina - findest du nicht?

Ich sag nur:
„Wir unterhalten uns hier schön,
was interessiert mich die G'schicht."

„Was interessiert mich,
was andere denken?"
um hier gleich reinen Wein einzuschenken.
Zurück in unserem schönen Gespräch,
unbeeindruckt,
wir lachen und schnattern,
sie ist verstummt,
die Sirene versummt.

Zu früh gefreut,
ihr Mann kommt raus
und brüllt,
ich hätte mich bei jemanden über sie echauffiert.

Ich lass die Luft aus dem aufgeblasenen Ballon:
„Den Namen bitte."
Er: das sagt er nicht
und ich, „sonst sprechen wir nicht weiter."

Und er erneut,
ich hätt' mich über sie echauffiert.
Ich lach und denk mir:
„Was haben's dem serviert?"

Ich sag:
„Dann nehmens an Besen und kehren
vor ihrer eigenen Tür,
an großen Besen
- und gleich hier."

So wutentbrannt wie er grad war,
so kocht er jetzt
und ist bald gar.

Wenn ich sei Frau hätt,
meine Herren,
ich würd auch nicht vor dieser Tür kehren.

„Kehr um, reiß aus",
das mag er denken,
doch ich will mich nicht weiter
in seine Gedanken senken.

Soviel ist klar,
sie verdienen einander
ganz und gar.

BETTINA REICHL
federleicht
POESIE & POETRY

„THEODORA"
120 CM X 100 CM

BETTINA REICHL
federleicht
POESIE & POETRY

DIE ARROGANZ DER MÜTTER

Kaum haben sie den Bauch,
stehen sie da,
unerschrocken,
mutig,
an Standhaftigkeit in der Gesellschaft rar.

So strahlend,
hell
mit Schein
auch ohne Licht,
die Hoffnung
in der sie sich befinden,
jede Regel bricht,
jede Vorfahrt,
jedes Recht
zu ihrem macht
in Weichheit,
Stille,
sacht.

Und ist das Kind
auf der Welt,
gibts niemand,
dessen Meinung zählt.

Jetzt ist man Mutter,
das einzige Recht,
die rechte Sicht,
die umsichtige Macht,
die mächtige Last,
die lastige Verantwortung,
die verantwortliche Liebe,
die liebende Gewalt,
das Gewaltige vor Recht vor Stand, vor der Natur,
die richtige Entscheidung,
die entscheidende Vernunft,
die standhafte Begeisterung,
die natürliche Hand,
die linkshand einen Mensch erzieht,
erzieherisch ihn umgibt,
umgebend die Gedanken formt,
formend den Körper kleidet,
der wächst,
der sich verändert,
der ißt, der trinkt, der weint, der lacht, der spricht,
der wacht, der schläft, der geht, der liegt, der hüpft,
der singt, der sich in ihren Armen wiegt.

Kein Wunder woher die Arroganz,
berechtigt,
denn das Wunder ist wundervoll,
voller Wunder,
eine Mutter,
ist ein Wunder.

Wie das kommt,
von der Geburt
bis in das Grab,
die Mutter ist die Mutter,
ist die Mutter,
ist die Mutter,
sie gibt,
sie gibt,
sie gibt - alles.

Arroganz,
der Mutter verdienter Glanz.

Für das Wunder,
das sie ist,
den Einfluss den sie in der Welt bestellt,
mit Kindern, die wieder Kinder kriegen,
die Zukunft sind
und Zukunft schmieden.

Keine höhere Macht,
hat irgendwer,
wie eine Mutter, die das macht,
was sie macht.

Die Arroganz,
des Wunder Schein,
eine Mutter möcht ich sein.

BETTINA REICHL
federleicht
POESIE & POETRY

„Mathilda und ihre Biberl"
120 cm x 100 cm

BETTINA REICHL
federleicht
POESIE & POETRY

"Cape Code"
100 CM X 120 CM

BETTINA REICHL
federleicht
POESIE & POETRY

„Augusta"
120 cm x 100 cm

BETTINA REICHL
federleicht
POESIE & POETRY

Serie
„ZÜRICH DEINE KÜNSTLER"
(bisher)
je 100 x 120 cm

Zürich Deine Künstler,
die geben Dir die Farbe,
die machen Dich so attraktiv,
dass die Welt sie rief,
wo sie auch waren,
zuvor wohnten,
sie kommen alle gerne
und leben in Deiner Wärme,
der Menschen,
die sie achten,
die Wertschätzung für Kunst ist hier,
ein Gefühl von „WIR".

BETTINA REICHL
federleicht
POESIE & POETRY

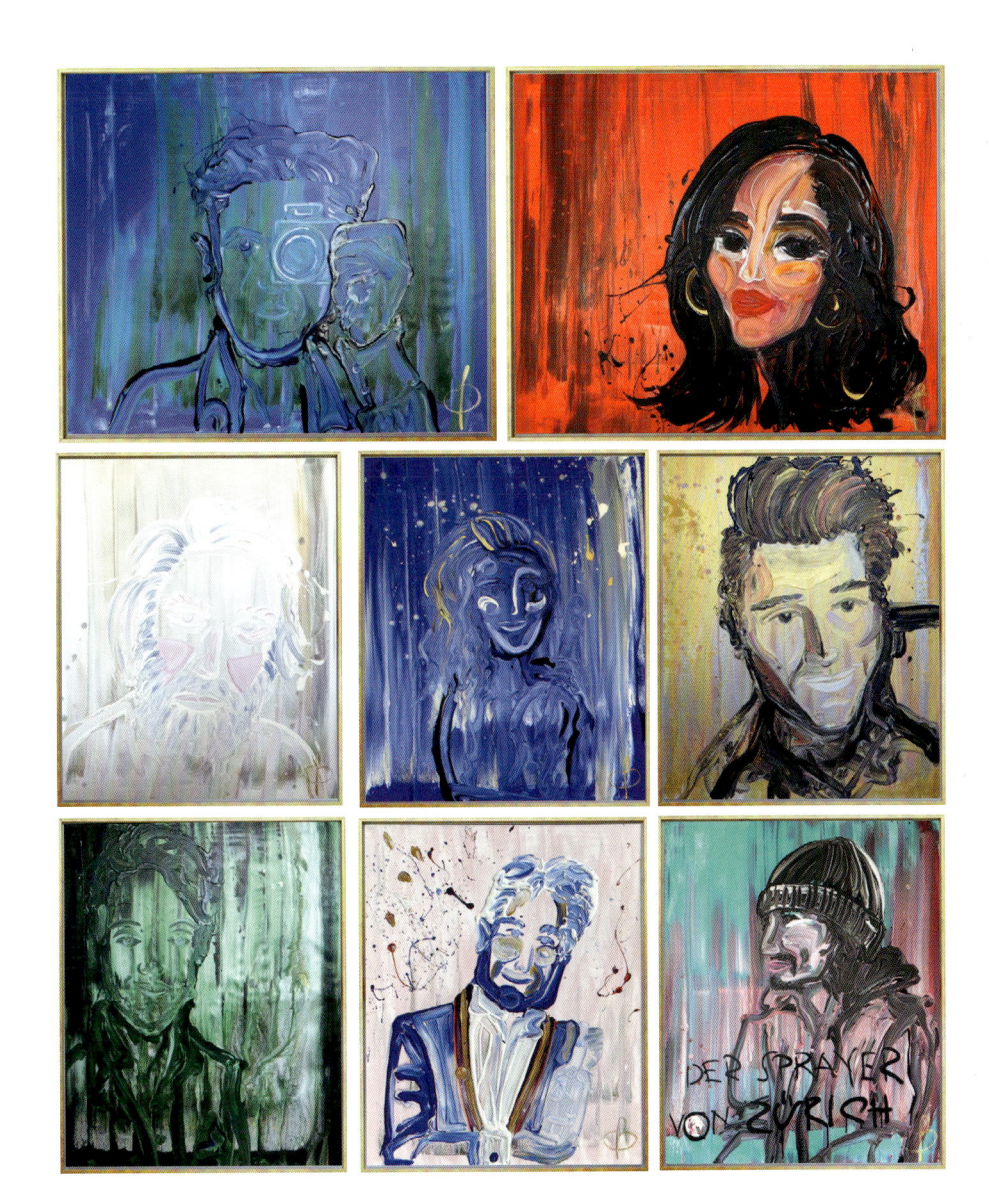

BETTINA REICHL
federleicht
POESIE & POETRY

"Zürich Deine Künstler" - Hans Danuser - "Künstler und Fotograf"
100 CM X 120 CM

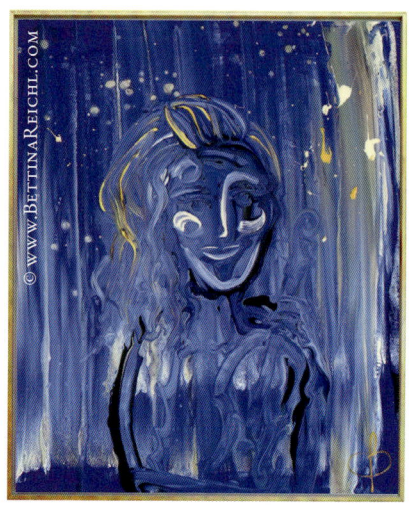

"Zürich Deine Künstler" - Alexandra Albrecht - "Die Violinistin"
100 CM X 120 CM

"Zürich Deine Künstler" - Igor Bauersima - „Autor"
100 CM X 120 CM

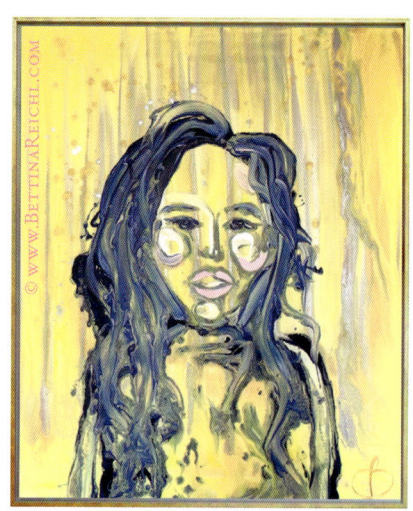

"Zürich Deine Künstler" - Nont Thannapat - „Die Masseurin"
100 CM X 120 CM

BETTINA REICHL
federleicht
POESIE & POETRY

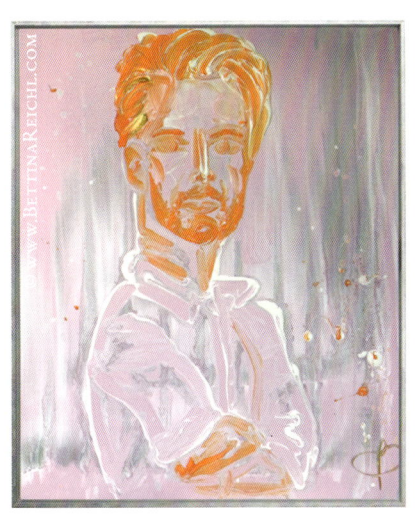

"Zürich Deine Künstler" - Raphael Hofstetter - „Der Coiffeur"
100 cm x 120 cm

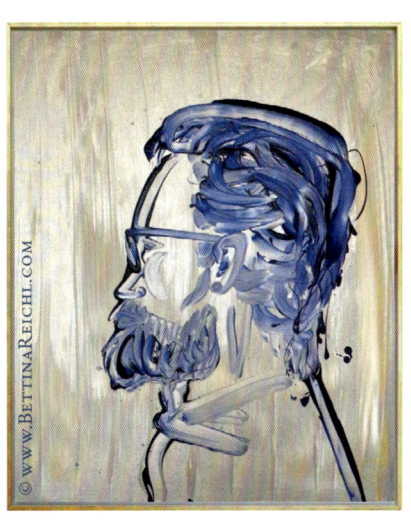

"Zürich Deine Künstler" - Dominik Grenzler - "Der Geräuschemacher"
100 cm x 120 cm

"Zürich Deine Künstler" - Adrian von Radecke - "Der Ästhet"
100 cm x 120 cm

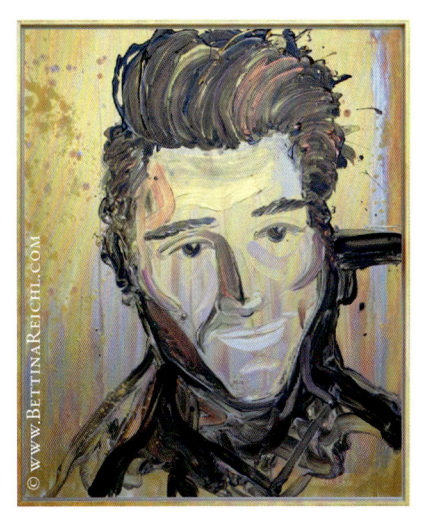

"Zürich Deine Künstler" - Sebastian Eyb - "Der Musiker"
100 cm x 120 cm

BETTINA REICHL
federleicht
POESIE & POETRY

„Zürich Deine Künstler" - Sepp Wimmer - „Zunftwirth zur Waag"
100 cm x 120 cm

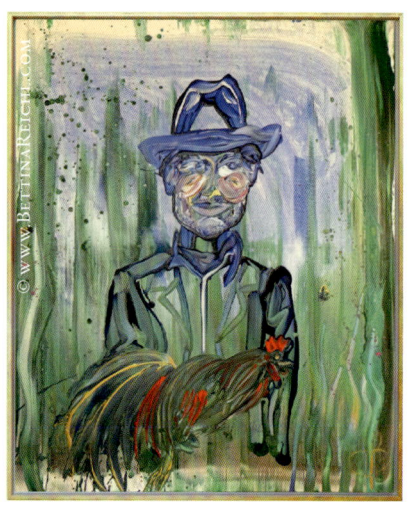

"Zürich Deine Künstler" - Maurice Maggi - "Der Stadtflorist und Kräuterkoch"
100 cm x 120 cm

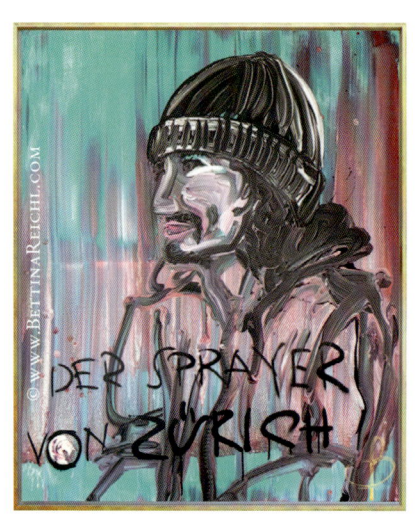

"Zürich Deine Künstler" - Alberto Villafuerte Ruef - "Der Sprayer"
100 cm x 120 cm

"Zürich Deine Künstler" - Salomon Baumgartner - „Der Tonkünstler"
100 cm x 120 cm

BETTINA REICHL
federleicht
POESIE & POETRY

"ZÜRICH DEINE KÜNSTLER" - MARKUS CAJÖRI
120 CM X 100 CM

"ZÜRICH DEINE KÜNSTLER" - MARUDIT TAGLIAFERRI -
"DIE RHETORIKERIN"
120 CM X 100 CM

BETTINA REICHL
federleicht
POESIE & POETRY

„Zürich Deine Künstler" - Marudit Tagiliaferri - Die Rhetorikerin

Ihr Name bedeutet wörtlich übersetzt Eisenschneider. Bezeichnend.

Ich lernte sie kennen, als ich mich an einem Sonntag Morgen überwand, sportlich zu betätigen und tatsächlich in Yoga ging, stets zu meiner eigenen Überraschung. Sie war eine der Teilnehmerinnen und wir fühlten uns daraufhin wundervoll, sexy und als hätten wir unsere Zeit nicht wertvoller verbringen können, als mit dieser Stunde - für uns selbst.

Als wir über die Straße gingen und ein paar Worte wechselten, passte es sofort. Ich fragte sie, ob wir noch einen Kaffee trinken wollen und das einzig Offene war eine Bäckerei, in die wir spontan gingen - und darin in unseren Yogahosen zwei Stunden saßen. Und redeten, lachten und - ich war fasziniert.

Sie ist eine bildschöne Italienerin, die meiner Vorstellung wie eine Italienerin zu sein hat, in jedem einzelnen Punkt nachkommt und noch übertrifft. Sie ist BAM.

Ihr ganzes Wesen harmoniert mit meinem bayerischen Blut, meinem Gemüt, der Lebensart, dem Genuss beim Essen bis zum schön gedeckten Tisch inclusive Blumen.

Ich bekomme rosa Ranunkeln, wenn sie zu mir zum Essen kommt und ich bringe ihr einen grossen Strauss pinke Lilien. Unbewusst suchen wir gegenseitig die richtigen Blumen aus, die uns hervorragend beschreiben.

Als ich sie ihr erstmals brachte, lachte sie auf: „Pinke Lilien, meine Lieblingsblumen! Gross, viel zu übertrieben, den ganzen Raum einnehmend. Genau wie ich. Ich liebe den Duft!"

Und ich liebe sie.

Zu unseren Treffen im „Co Chin Chin" brachten wir uns unabhängig voneinander Bücher mit, ich ihr „Die Deutschstunde" von Sigfried Lenz und „Altes Land" von Dörte Hansen und sie mir „La Storia" von Elsa Morante. Beide lieben wir Bücher und noch nie habe ich es zuvor mit jemanden erlebt, dass es keine einzige Überscheidung gibt.

Sie ist ursprünglich eine Anwältin aus Mailand, wo es Gang und Gäbe ist, dass die Frauen vor den Donnerstagsverhandlungen alle zum Friseur gehen und aussehen wie scharf geschnittene Rennautos, durchgetuned bis ins Detail. Mindestens einmal die Woche Friseur, das sei normal für eine Italienerin. Auch hier in Zürich behält sie sich dies bei, das sei sie sich wert. Die Frisur sitzt. Wenn ich weiß, wir gehen in die Stadt, mach ich mich besser schön, denn ihre Aura ist die der jungen Sophia Loren, mit Sonnenbrille, die sich leidenschaftlich echauffiert über Audrey Hepburn als Typus, als ich mir nicht den wunderschönen, langen wollweissen Wintermantel kaufte, weil ich sonst wie eine Schneekönigin auffallen würde und das nicht möchte, sondern lieber im Hintergrund bleibe. Ich musste laut lachen, dass ich sie damit so in Rage bringe. Das sei „einfach nicht richtig", schlicht „falsch" und das müsse ich ändern.

Ihr Mundwerk ein Maschinengewehr, man schnallt sich besser an. So trat sie 10 Jahre für die Gewerkschaft UNIA ein, mobilisierte tausende von Menschen, Bauarbeiter, somit mehrheitlich Männer und marschierte mit ihnen, das Magaphone in der Hand, durch Zürich, ließ bei Demonstrationen alles absperren, verhandelte für Männer mit Männern am Tisch - als einzige Frau. Ihr Instrument ist ihr Mund, ihre Kunst ihre Sprache mit einer Schlagfertigkeit, die mich stets zum Staunen bringt.

Auch wenn sie ihre kleine Tochter herausfordert, die ein Rad nach dem anderen schlägt: „Was, Du glaubst ich kann kein Rad schlagen?" mir den Picknickkorb im botanischen Garten in die Hand drückt und ihrer Tochter zeigt, von welchem Baum der kleine Apfel hier nicht weit fällt. Später verriet mir Marudit, sie habe es schon gespürt, denn bei ihrem letzten Rad, war sie auch noch Grundschülerin, wie ihre Tochter jetzt.

Ich staune über Ihren Scharfsinn, wenn ich ihr und ihrem Mann, die Musik lieben, wieder ein Tape meiner vertonten Songtexte vorstelle, die ich Plattenfirmen anbiete, dass deren Sänger sie singen, bewertet sie eines als sehr gut, Ohrwurm-Potential, das andere: „Es ist kein Lied. Es ist ein

BETTINA REICHL
federleicht
POESIE & POETRY

„ZÜRICH DEINE KÜNSTLER" - MARUDIT TAGLIAFERRI - "DIE RHETORIKERIN"
120 CM X 100 CM

Gebet." Und sie hatte damit recht. Genial. Ich nannte es daraufhin „Prayer" und fügte noch einen Refrain ein „And I pray."
Was ich an Ihr bewundere ist ihr Weg zu sich, dass sie als italienisches Rennauto in Prunk und Haute Volée, an Mailänder Gerichtshöfen ihre Expertise für Männer auf Baustellen in der Schwciz einsetzt, die ganze Stadt mit Demonstrationen lahm legen kann und sich nun entschlossen hat, ihren Kindheitstraum, eine Lehrerin zu sein, verwirklicht. Dafür bei der UNIA gekündigt hat, um ausländischen Jugendlichen die deutsche Sprache beizubringen, in einem Zug mit viel Respekt für sich selbst, die eigenen Integrität, Selbstliebe und Selbstvertrauen in sich, die Zuversicht, an sich zu glauben und dass sie es schaffen. Jugendliche, die aus zerrütteten Familien oder ganz allein aus Ländern kommen, in denen sie Krieg erlebten, Hunger und Verachtung. Nun haben sie Marudit. Als ihre Lehrerin. Die dafür nun ihr Lehrdiplom an der PHZ erwirbt - und ihren Traum verwirklicht. Ihn lebt. Und jeden Tag in der Schule ihr Leben - liebt. Das ist eine strake Frau. Ich bin stolz, dass ich sie meine Freundin nennen darf. Ihre Farbe ist rot. Rot, wie Feuer. Wie Hitze. Wie Energie, die wärmt. Wie Kraft. Wie Ferrari.

BETTINA REICHL
federleicht
POESIE & POETRY

„Zürich Deine Künstler" - Nont Thannapat - Die Masseurin

Nont Thannapat leistet einen grossen Anteil vieler Menschen für deren „Joie de vivre". Sie selbst hat dies schon geschafft, indem sie jeden Tag tut, was sie liebt. Daher möchte ich sie vorstellen, da sie mich sehr inspiriert.

Nont Thannapat massiert in der Jahrhunderte praktizierten Kunst der Thai-Massage. Bei dieser Kunst, ich nenne es absichtlich nicht Technik, da ich es als Kunst erlebe, ist voller Einsatz gefragt. Denn die Masseurin erreicht durch Dehnungsübungen, die sie aktiv und mit der Person passiv durchführt, die derart anstrengend sind wie Yoga, die gleichen Muskeln im Körper zu beanspruchen und zu beüben. Da ich mich nicht gut überwinden kann, Sport zu treiben, genieße ich Thai-Massage um so mehr. Ich fühle mich danach, als sei ich zwei Wochen im Urlaub gewesen, so gut, so entspannt, so leicht.

Die Musik ist ganz leise und traditionell thailändisch, die Handbewegungen sind fließend, so dass es mir nicht möglich ist zu erraten, an welcher Seite des Massagetisches sie gerade steht. Sie ist wie eine Zauberin.

Ich habe selbst eine Thai-Massage-Ausbildung in Deutschland bei einer Meisterin absolviert. Die bisher schönste Ausbildung meines Lebens. Als ich die Urkunde Monate später nach Zürich gesendet bekam, musste ich sie gegen Unterschrift bei der Post abholen, da der Zoll den Umschlag geöffnet und kontrolliert hatte, fand ich die Urkunde einlaminiert vor und mein Foto war nicht wieder zu erkennen. Ich blickte voller Erstaunen auf ein Foto, in dem ich ursprünglich Locken hatte modifiziert in ein Passbild, auf dem ich nun eine weiße Bluse mit weißem Kragen, einen schwarzen Blazer vor einem königsblauen Hintergrund trage - mit glatten, glänzend schwarzen Haaren, wie sie selbst ein Glätteisen bei mir nicht vollbringen könnte. Ich rief meine Meisterin in Regensburg an, dass mir das nicht gefällt, dass es einlaminiert sei und ich nie schwarz trage. Ich erwähnte auch, dass mein Passbild komplett in einen Rahmen gepresst wurde und nur mein Gesicht noch original sei. Ich besitze nicht einmal ein schwarzes Kleidungsstück. Zudem ein weißes Hemd. Sie informierte mich, dass dies so sei und nur so ist es echt. Gut, andere Länder, andere Sitten. Das verstand ich. Ich habe es mir daraufhin sogar aufgehängt. Es ist echt und macht mich fröhlich, wann immer ich es ansehe.

Dies führe ich an um aufzuzeigen, dass ich in die Abfolge, die Rituale, wofür ich Obst, Blumen und die heilige Zahl 11 in Form von 11 Euro mitbringen musste, eingewiesen wurde, um es mit Räucherstäbchen vor meiner Abschlussprüfung darzubringen und zu beten, dass ich und jede Person, die ich massiere, mit Gesundheit gesegnet sei. Ich besuche seither unterschiedliche Massagestudios um zu lernen, was mir wo gefällt, manche servieren getrocknete Mango und Tee, bei Nont Thannapat gibt es frische Erdbeeren, Trauben und ich suche mir immer den Ingwertee aus. Das liebe ich. Dieses Ritual.

Das Duftöl Rose, wenn ich gefragt werde. Sie sucht mir stattdessen Jasmin aus. Wunderschön. So erlebte ich mit ihr eine Erfahrung bei dieser Massage, die ich als spirituell bezeichnen möchte. So gut ist sie. Ich buchte sogar 2018 an meinem Geburtstag eine Stunde, morgens bevor die anderen Kunden kamen, in der ich lernen durfte, wie die Rückenmassage dort gemacht wird. Dazu fragte ich meine Freundin Pia, ob sie mitmachen würde, sie lag auf dem Bauch auf der Liege. Jede von uns stand an einer Seite und ich machte nach, was Nont machte. Pia übersetzte das Gefühl „Sie zieht ein bisschen mehr." und ich folgte ihrem Beispiel die Oberarme entlang zu massieren - mit Zug. Dafür bin ich sehr dankbar, dieses Wissen lernen zu dürfen.

Bisher habe ich Nont Thannapat all meinen Freundinnen empfohlen, die klagten, sie haben eine Verspannung. Sie würde ihnen helfen.

BETTINA REICHL
federleicht
POESIE & POETRY

„Zürich Deine Künstler" - Nont Thannapat - „Die Masseurin"
100 cm x 120 cm

Mittlerweile brachten diese wieder Freundinnen und Partner und alle waren begeistert und blieben ihr treue Kunden.
Nont Thannapat arbeitet leise, sie fühlt, so habe ich das Gefühl, was ich fühle. Sie fühlt mich. Und ich fühle sie. Es braucht keine Worte. Es ist im Einklang. In dieser Stunde - alles.
Dieses Gefühl kann, so meine ich, nur erzeugt werden, weil Nont Thannapat mit sich im Einklang ist. Mit sich und ihrem Körper, der stark und muskulös ist wie zart. Sie ist beweglich und flexibel wie eine Ballerina. Körperkoordination inbegriffen.
Ich spüre, dass sie liebt, was sie tut. Deshalb ist sie auch so gut. Deshalb bleiben ihr alle Kunden. Sie ist Künstlerin.
Sie ist bunt, gemalt habe ich sie in zitronenfaltergelb, blau und rosa.
Die Energie, die sie verströmt ist Einklang. Freiheit und Ruhe in ihr. Die pure Stärke. Kraft.

BETTINA REICHL
federleicht
POESIE & POETRY

„Zürich Deine Künstler" - Alexandra Albrecht - Die Violinistin

Sie ist eine Schweizerin, „Joie de vivre" lebt sie. Sie verriet mir, dass sie schon immer als Selbstständige arbeite, denn sie könne es sich nicht vorstellen, angestellt zu sein, dass ihr jemand sage, was sie zu tun habe, oder wie. Das ist mein Glück. Was sie erfolgreich macht und glücklich bei der Arbeit sei „die Dankbarkeit".

Die Dankbarkeit, dass über Jahre und Jahrzehnte jede Woche ihre Schüler, wie sie sie nennt kommen, um Geige bei ihr zu lernen. Sie leitet auch mehrere Ensembles für Streicher. Sie spielt Klavier und auch dies kann man bei ihr lernen.

Sie dirigiert ein Orchester, bestehend aus 60 Personen, groß und klein, vom Kind bis zur Rentnerin, die sich den Traum erfüllt und sich am ersten Tag ihrer Pensionierung eine Geige kauft um ab dann Geigenunterricht zu nehmen. Sie alle spielen, übern und - binnen kurzer Zeit so gut werden, dass sie im Orchester mitspielen können.

Diese Dankbarkeit, dass es ein ganzes Orchester gibt von Menschen, denen sie das Instrument beigebracht hat, die Noten, die Lieder, die Stücke, die Liebe zur Musik, all dies erfüllt sie mit Dankbarkeit. Eine starke Macht, sich mit Dankbarkeit zu erfüllen.

Zum Jahreswechsel 2020/2021 saß ich mit einem Medizinstudenten mittags bei einem Kaffee, der mir sagte, er lerne nun Klavier. Ich fand es schön, dass er als Erwachsener ein Instrument lernt. Er fragte mich, welches Instrument ich lernen würde. Ich erwiderte, dass ich keine Zeit habe ein Instrument zu lernen, wenn ich Zeit habe, dass ich dann male oder meine Website aktualisiere, dass ich schon zu alt bin und überhaupt, keine Noten lesen kann, es in meiner Schulzeit schaffte, ohne dass es aufgefallen sei, dass ich keine Noten lesen kann und sicher das jetzt nicht mehr lerne. Wenn dann, eine Sprache, italienisch, französisch oder russisch, aber kein Instrument. Punkt. Dachte ich.

Unbeeindruckt wiederholte er seine Frage, als hätte ich es nicht eben klar gemacht, dass ich kein Instrument lernen werde. „Und welches Instrument würdest Du jetzt lernen?" „Geige." Poh. Ich war baff. Es kam Geige aus meinem Mund, der sich öffnete und dieses Wort nannte, das ganz klar nicht von meinem Verstand geformt wurde, sondern das mein Unterbewusstsein an die Oberfläche trug.

„Hm. Anscheinend würde ich Geige schön finden." Das wusste ich nicht. Was ich wusste, ist, dass ich Geigenspieler schön finde. Das war mir bekannt. Dass ich Geigenmusik schön finde. Dass sie mich berührt. Auch dieses Gefühl war mir vertraut.

Dass ich selbst gerne die Geige halten und spielen würde, das war mir gänzlich neu.

Er schlug vor, dass ich an diesem Tag noch auf dem Heimweg am Musikladen vorbei gehen solle. Er ließ es mich versprechen. Ich tat es nicht.

Am nächsten Tag, es schüttete wie aus Eimern, ein Gebirgsregen, der ungeachtet dieser schönen, von mir geliebten Stadt alles begießt, ungeachtet, dass wir hier unten sind, dass die schönsten Jugendstilhäuser hier stehen, schüttet es, bis in das Winterstiefelfutter, das sich recht kalt anfühlt Ende Dezember.

Bei diesem Wetter entschied ich mich, mein Versprechen einzulösen und fand mich auf den Weg durch die Innenstadt stapfen, in der sonst, außer mir niemand auf den Straßen zu sehen war, alle drinnen, wo es warm und trocken war. Ich, Richtung Musikgeschäft.

Ich stelle mich nie an Schlangen an. Nicht vor Corona, im Oktoberfest, noch nie in Restaurants oder Clubs, nicht hier bei Läden in der Bahnhofstrasse, das finde ich besonders affig, nicht in Zeiten von Corona für Klopapier. Das mache ich nicht. Dachte ich.

Bei diesem Wolkenbruch sah ich tatsächlich eine pandemie-konforme Schlange mit 1,5-Meter Abstand von circa 15 Personen vor dem Musikgeschäft stehen. Und ich stellte mich hinten an. Und stand da. In der Kälte bei Regen.

BETTINA REICHL
federleicht
POESIE & POETRY

"ZÜRICH DEINE KÜNSTLER" - ALEXANDRA ALBRECHT - "DIE VIOLINISTIN"
100 CM X 120 CM

BETTINA REICHL
federleicht
POESIE & POETRY

Und lachte innerlich, dass dies das erste Mal in meinem Leben sei, vor einem Musikgeschäft - bei Regen. Ich hätte mir selbst nicht geglaubt. Ganz hinten stand ich. Und ließ mich anregnen - ohne Schirm, denn morgens, als ich aus dem Haus ging war es trocken.
Eine Verkäuferin huschte mit ihrem Schirm, von Person zu Person in der Schlange, fragte, für was sie sich interessieren. Schlagzeug, sie huschte zum Zweiten, denn es durften nur eine begrenzte Anzahl an Personen pro Stockwerk eingelassen werden, laut BAG, Corona-Verordnung. Das wird auch bei Sturzregen genau genommen.
Zweite Person: Gitarre. Nein, auch die Person musste weiter im Regen verharren. Und sie alle blieben stehen. Auch das erstaunte mich. Dieser Schlag Menschen. Musiker. Sie müssen wirklich Musik lieben. Klavier, Flöte, Harfe, Schallplatten, Lautsprecher, weiß Gott, was noch alles für Kategorien, die Stockwerke seien voll, alle bleiben eingereiht in der Schlange. Die Verkäuferin nahm niemanden mit hinein und arbeitete sich weiter hinter mit ihrer Frage in der Schlange, als letztes - mich: „Geige". „Kommen sie mit." Geige war das Zauberwort zum Sesamöffne-dich. Ein Zeichen.
Ich fuhr mit dem Glasaufzug in den 3. Stock. Stieg aus und stand triefend nass auf dem hochglanz gewienerten Parkett der Streichinstrumente vor dem Schreibtisch einer Frau. Die mich nicht ansah, wie man einen nassen Hund von der Straße nicht anschaut und sich ihn wegwünscht, in der Hoffnung, das er dabei verschwindet, durch Nichtbeachtung.
Ich blieb stehen, bis sie ihren Kopf drehte. Ich erzählte ihr die Geschichte, dass „Geige" aus meinem Mund kam, dass ich nun hier sei und was der nächste Schritt sei. Auf ihrem Gesicht formte sich ein Lächeln. Ihre Augen wurden warm und lächelten zu ihrem eigenen Erstaunen. Der Hund hatte es geschafft, wie jeder Hund es schafft, die Augen zum leuchten zu bringen. Auch nass.
„Vielleicht Geigenunterricht?" Sie gab mir eine Karte, die ich einsteckte und mich mit aller Feuchtigkeit, die mich und meine Kleidung umgab, wieder den Rückzug antrat. Ich hatte es erledigt, mein Wort gehalten, war im Musikgeschäft. Jetzt ist es gut. Mission erfüllt.

Zu Hause schmeiße ich Flyer weg. Ich bewahre nur persönliche Post auf. Am liebsten Handgeschriebene. Nicht Flyer.
An Neujahr lag dieser Flyer immer noch auf meinem Tisch. Ich arbeitete, Corona war auch und konnte nicht nach Hause nach Bayern zu meiner Familie für Weihnachten und Silvester. Ich nahm den Flyer, las den Kontakt und sendetet eine E-Mail, dass ich keine Noten lesen könne, wie als ich sie und ob sie es mit mir dennoch wagen würde, das sei ihre Entscheidung. Das sei in Ordnung. Ich formulierte es möglichst abschreckend. Bekam binnen weniger Stunden eine Antwort: Ja. Gleich morgen, ich solle meine Geige mitnehmen. „Ich habe keine Geige." Ich solle eine im Musikgeschäft ausleihen. „Das ist geschlossen. Feiertag." Hm, sie hätte noch eine Geige, die sie mir leihen könne. Gut.
Ich mietete diese Geige, hatte Unterricht und - übte nicht. Ich gestand ihr, dass die Noten in mir ein Gefühl auslösen, dass ich Mathehausaufgabe machen müsse und dass ich deswegen nicht üben mag. Ob sie es mir auch ohne Note beibringen könne, denn sonst würde ich keine Lust dazu haben. „Das hat mich noch nie jemand gefragt." Sie ließ sich darauf ein, sie lernt es mir mit Buchstaben und Gehör. Hat sie sich spontan selbst ausgedacht.
Mit Lieder, die ich in mir fühle, so dass ich den richtigen Ton treffe. Und spiele seither. Das ist Alexandra Albrecht, die dies vermag. Die mich abholte, auf meine Bedürfnisse einging, die mir die Klangfarben, die auch Farben heißen erklärte, die mir beantwortet, dass manche Seiten aus Gold, manche aus Silber und manche aus Stahl sind, wieso die Seiten unterschiedlich farbige Schnüre haben, die mir Fragen beantwortet, ob die Haare im Bogen immer von einem Schimmel sind, oder auch vom Schweif von einem braunen Pferd, oder einem Rappen - und die mich dabei immer ansieht, als sei ich die erste, die das wissen

will. Ihrer Meinung nach - ja.

Alexandra ist ein klares kornblumenbau und hat feines Silber und Gold in sich gewebt, sie ist eine Seele, eine Musikerin, die es schaffte, dass meine Leihgeige die Besitzerin wechselte. Eine Geige, der ich nie gerecht werden kann, wie gut sie spielen könnte, wäre nicht ich jene, die den Bogen hält. Es ist eine Zusammenspiel, ein Miteinander zwischen Geige, dem Bogen und mir - und Alexandra ist so feinfühlig, dass sie mich dabei begleitet, ohne Noten, mit ihrer erfundenen Methode, dass ich spiele.

Mit innerer Freude und Ruhe, die ich in mir fühle, beim Klang des Geigenbauchs, der so leicht ist wie ein Vogel, wie eindrücklich kraftvoll der Ton alles durchdringt - meine Seele berührt.

Sie ist es, die mich begleitet und schafft, am Tag, als ich schon aufhören wollte und die Geige noch einmal in die Hand nahm um zu spielen, als ich schon damit abgeschlossen hatte, das Glück fühlte, das dabei in mir strömt, mich besann, dass ich die beste Geigenlehrerin habe, die mir das Spielen ohne Noten lehrt, dass ich wie die Jungfrau zum Kind nun sogar in den Besitz einer Geige kam. Meiner Leihgeige, die für mich da war, als alles zu war.

Ich nach mehrmaligen Angeboten von Alexandra, die oder jene Geige erwerben zu können, meiner Geige treu blieb und sagte, dass ich diese eben weiter miete. Dies sei die Geige, die in der Kette der Wunder „für mich da war".

Alexandra Albrecht verriet mir, dass sie an diesem Nachmittag, als ich die Entscheidung traf, dabei zu bleiben, plötzlich morgens das Gefühl hatte, die Besitzerin der Geige anzurufen um nochmal nachzufragen und sie die unverkäufliche Geige ihres Vaters - mir überließ.

Es soll so sein.

Ich bin dem Medizinstudenten dankbar, Nicola, Du hast mir wirklich das Licht gebracht. Ich bin der ersten und der zweiten Musik-Verkäuferin dankbar, dass sie mich zu Alexandra geführt haben. Ich musste nur gehen. Geleitet wurde ich. Begleitet, von allen, die daran beteiligt sind. Auch der ursprünglichen Besitzerin meiner Geige, danke, dass ich sie haben darf. Ich halte sie in Ehren. Ich habe in Alexandra Albrecht eine besondere Frau getroffen, eine innovative Macherin, eine wundervolle Musikerin, ein lieber Mensch. Sie sagt, sie freut sich auf jede Stunde, wenn ich zum Unterricht komme. Sie ist eine Bereicherung in meinem Leben. Sie macht es reich. Ich bin reich an WUNDER - vollen Menschen. Dafür bin - ich dankbar.

BETTINA REICHL
federleicht
POESIE & POETRY

„Moos am Wasser"
120 CM X 100 CM

BETTINA REICHL
federleicht
POESIE & POETRY

„Die Italienische"
von Mendelssohn Bartholdy Sinfonie Nr. 4 A-Dur op. 90
inspiriert durch Daniel K.: interpretiert vom Gstaat Festival Orchestera
120 cm x 100 cm

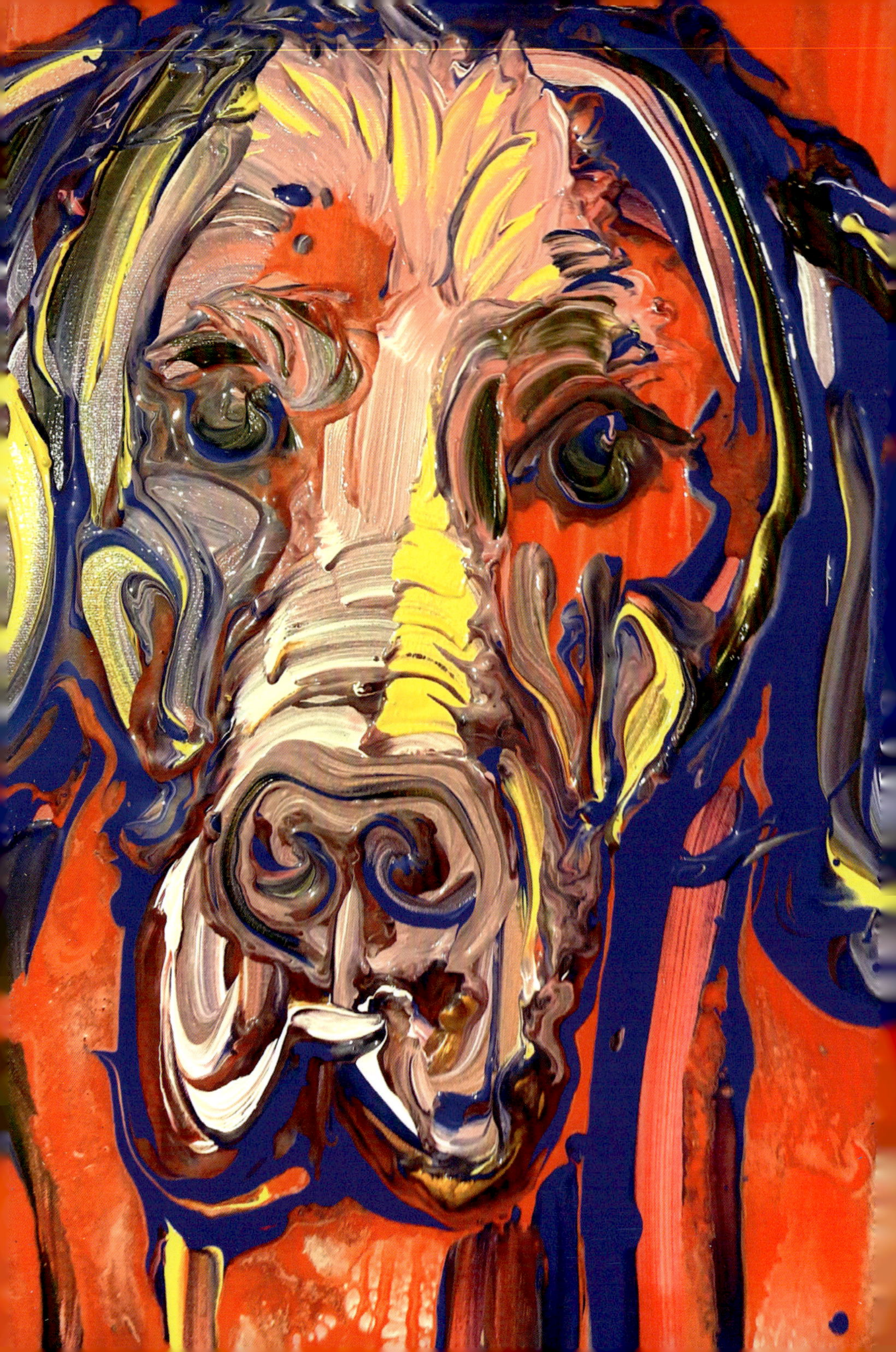

BETTINA REICHL
federleicht
POESIE & POETRY

„Bocco von Hendrik"
100 cm x 120 cm

BETTINA REICHL
federleicht
POESIE & POETRY

„Aurel"
120 CM X 100 CM

BETTINA REICHL
federleicht
POESIE & POETRY

„Amarena"
120 cm x 100 cm

SEI MEIN

Die Wellen schlagen
die Herzen fragen,
dass sie ja sagen
zu allem, dem Sein,
sei mein.

So fein
wie keinen
den sonst ich kenne
Menschen in der Welt
für mich das Firmament,
dass mir die Luft zum Atmen schmeckt,
dass mir vor warmer Stille
die Hitze in den Körper lenkt.

Die Sterne in den Himmel hängt,
die Sonnenglut als Beispiel nimmt
sich bei dem Sein
mit Dir
- hier.

BETTINA REICHL
federleicht
POESIE & POETRY

„Lodernde Liebe"
120 cm x 100 cm

COME ON

There is your lust
I'm feeling.

There is your musk
I'm breathin'.

There is your fun
inside me.

Come on.
Come on.
Come on.

Go on.

Come on.
Come on.
Come on.

Go on.

Go on
what you doin.

Go on.

Come on.
Come on.
Come on.

Go on.

That is your skin
I'm tasting.

There is your hair
I'm pullin'.

There is your sweat
I'm smelling.

Come on.
Come on.
Come on.

Go on.

There are our dreams
inside us.

There are our
hands about us.

There are our souls
speaking to us.

Come on.
Come on.
Come on.

Go on.

Come on.
Come on.
Come on.

Go on.

There are our hearts
beating loud.

There are our lives
meant - no doubt.

There is our knowing
no reason for being a coward.

Come on.
Come on.
Come on.

Go on.

This is now
it's just WOW.

There is our past
the time ran fast.

There is the future
if we want the blast.

Come on.
Come on.
Come on.

Go on.

There is the yes
I feel inside me.

There is my inner voice
singing to me.

There is this man
and that is you
there is this woman
and that is me.

Come on.
Come on.
Come on.

Go on.

There is this love.
There is this song.
There is this „Come on".

Come on.
Come on.
Come on.

Go on.

BETTINA REICHL
federleicht
POESIE & POETRY

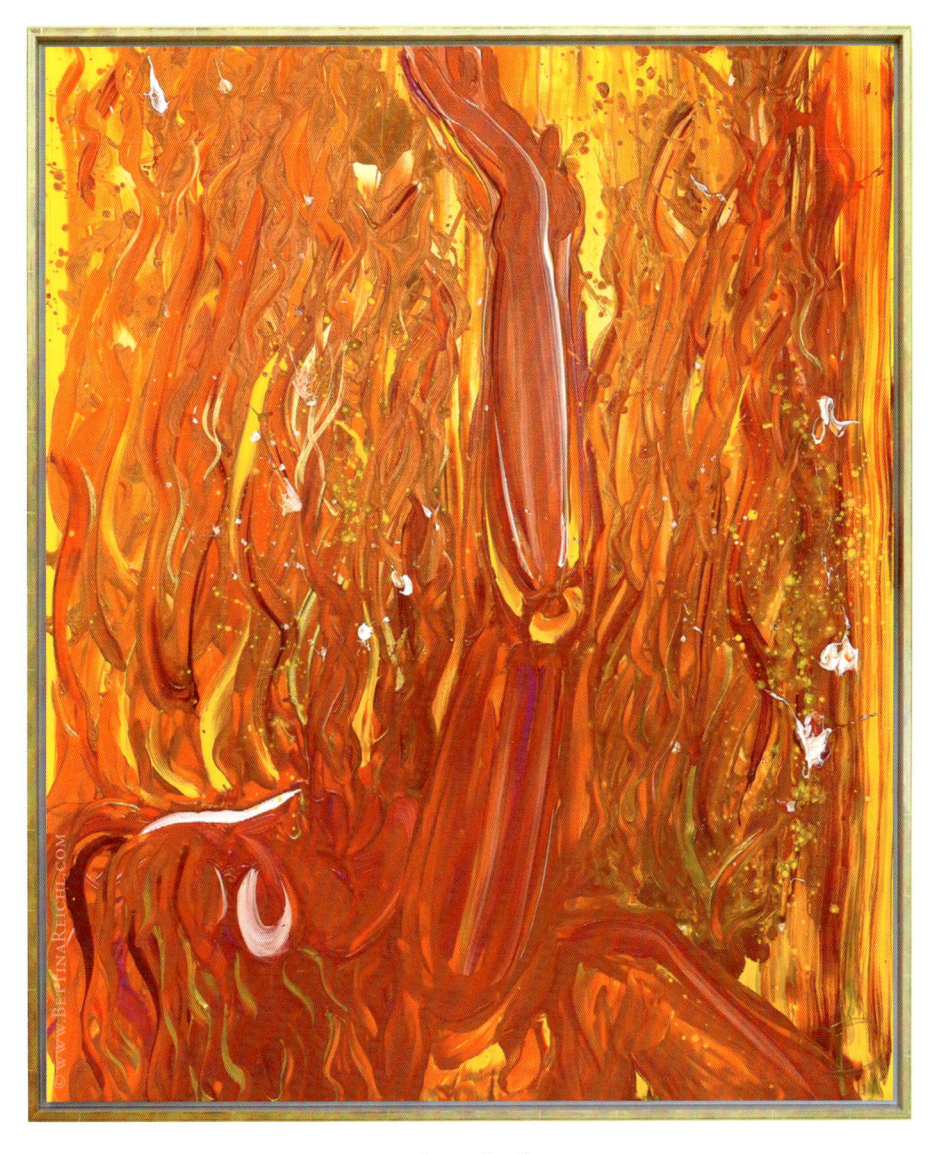

„Sex on Fire"
INSPIRIERT VON "KINGS OF LEON"
UND DEREN GENIALEN TEXTDICHTERN UND POETEN CALEB, JARED, MATTHEW & NATHAN FOLLOWILL
100 CM X 120 CM

CALL MY LOVE

I tell my phone:
„Call my love."
I repeat:
„Call my love."
And it rings.
And it rings.
My heart sings.
„Call my love."
And there is
the voice that is
sweet to hear
in my ear:
„Yes, my love.
Here I am.
I'm waiting with the empty chair
next to me
it's reserved just for you
I keep it free
‚till you're here.
My love I can't wait
you're taking your seat next to me,
it's just for you,
it is still free."

„Good, my love
I see,
I'm here."

„Good to have you here,
dear."

BETTINA REICHL
federleicht
POESIE & POETRY

„Maximilian und Lisi"
120 cm x 100 cm

TELL YOUR MAMA

If you love me
tell your mama:
That's the woman
I am with.

That's my woman
at my side
and that is how it is.

If you love me,
tell your mama:
That's my love, my life, my heart.
That's the woman
I want
and that is just the start.

If you'd love me
tell your mama:
That's the woman I am with.

That's the woman
I want
children with and eat Granny Smith.

If you love me,
tell your mama:
That's the woman
I am with.

That's my woman
on my side
and that is how it is.

If you love me
tell your mama
that's the woman
I am with.

With her I go through fire.
With her I am no liar.
With her I'm standing tall.
With her I'm staying fit.
With her I go and lit
a candle for all hearts.

Love gives the strength,
with this I mean your words
which cut me to the quiele, that it hurts
and still I'm standing tall
gained the courage to
take all,
risk all,
loose all you gave me
without a blink
my kingdom,
status and all gold,
with her I am like been told
that heroes must feel
listen to my inner voice
which tells me
stay steady
and show courage
which I should have a long time already -
I am there.
She's the one.
For her I care.

There's the fire.
She lifts me higher.
She makes me better.
I'm glad I have her.

BETTINA REICHL
federleicht
POESIE & POETRY

„How light and tall he almost felt walking along with this girl at his side and some fresh, new, unrecognizable joy in his heart."
INSPIRIERT VON UND ZITIERT AUS:
Claire, Keegan: Small Things Like These. London: Faber & Faber Ltd, 2022. S. 108.
70 CM X 140 CM

WITHOUT COMPROMISE

Can you love me without compromise?
Can you love me without disguise?

Is it hard for you
to be true
to you?

Can you love me without compromise?
Can you love me without disguise?

There's nothing for me
to do
theres's nothing for me,
but to still love you.

Can you love me without compromise?
Can you love me without disguise?

There's a role you play
and it's not an easy one.
There's a role you play,
for both of us no fun.

Can you love me without compromise?
Can you love me without disguise?

Can you stand to me
being my man?
Can you stand tall
being yourself?

Can you love me without compromise?
Can you love me without disguise?

That what takes it,
to be with me
loving you - no shit,

it's the hardest thing
the sweetest thing
the bravest thing

I did.

BETTINA REICHL
federleicht
POESIE & POETRY

„Egal, ob Frauen humorvoll, kämpferisch, selbstbewusst, mit faktischem Wissen und studiertem Intellekt in Erscheinung treten, es herrscht immer noch ein grosses Befremden, dass sie reden können."
inspiriert von und zitiert aus dem Nachwort von Sibylle Berg, 2017:
Sagan, Françoise: Bonjour tristesse. Berlin: Ullstein Buchverlage GmbH, 1. ungekürzte Auflage. 2019. S. 161.
100 CM X 120 CM

IN LOVE

Does love mean to accept
each others path, each other's way

does love mean to accept
each other's family and all friends

does love mean to accept
each other's dreams, each others longing

does love mean to accept
each other's fear and dear

so is it love - we have.
So is it love we share.

To have it everywhere
to feel it in my heart
it's love we have
it's love we share
although it's sometimes hard to bear
that you're so far away in person
that we are separated by land

and is it still your hand
I seem to hold
wherever I go.

Wherever I walk
it's to you I seem to talk.

Wherever I drive
you sit at my side.

Whatever I want to accomplish
it's you I give a notice.

And you lit a candle,
you think of me.

Isn't that love
to spend life,
even by body apart
in close contact by heart

it feels you lay in bed
next to me
and I to you.

Isn't that what is love
to smell each others touch
to feel each others heat
by every single heartbeat.

Isn't that what we call love
the feeling in us
sometimes rough

because by land apart
society does it's part
and we know
and we know in our heart
no greeting-card
to stay in touch,
because we are
in love
a country,
countries
are not far.

In love ist
what we are.

BETTINA REICHL
federleicht
POESIE & POETRY

NUR

Von nah
von fern
ich hab dich gern.
Wo du auch bist,
fühl dich geküsst.
Ob ich dich halte,
an dich denke,
es ist in Liebe,
Freude, schenke
dir meinen Sinn
fürs Leben, Glück und bin
die dankbarste Kreatur
wegen dir - nur.

BETTINA REICHL
federleicht
POESIE & POETRY

„Sweet Nothing"
INSPIRIERT VON DER SÄNGERIN, GENIALEN TEXTDICHTERIN UND POETIN TAYLOR SWIFT
120 CM X 100 CM

BETTINA REICHL
federleicht
POESIE & POETRY

FAMILY TREE

I was a girl
and I was just I
really pale and shy
and you were just you, a guy
cubby, wild and blew
my mind - being so kind.

That is long ago
the time passed by
you are like every son,
your mom's golden child
the apple of her eye,
my hun, you were quiet wild
and I'm still - shy.

You made your way
and grew up to be a man
hello - and what a guy
and I'm still shy.

I am quiet - yes, like books, to paint
and even though
I did confess
that I love you
since that time
gathered my courage to rhyme

to put me out there
in front of you
my heart, my soul
absolutely naked to the core
I am whole
and told you
even thought that you're the heir
on the statue of an horse
and you are full of remorse
you give not up
your kingdom for me,
said your family would disagree.

And
I
wake up
and
I
see
the
gap
that I have the courage
the golden heart and the colors of my art
but not the name,
the land, that tiara, a sparcling crown
the nobel family-tree
in a big, fancy frame
so that it is
to take me
he get kicked out of his family-tree.

And
I
would
give
up
my
kingdom
for
you.
My language
my
country
my
glass-shoe.

And
I would
work
till
the
end
of
my days
to earn
our
bread
of course to lie with you in bed
put on your chest my head.

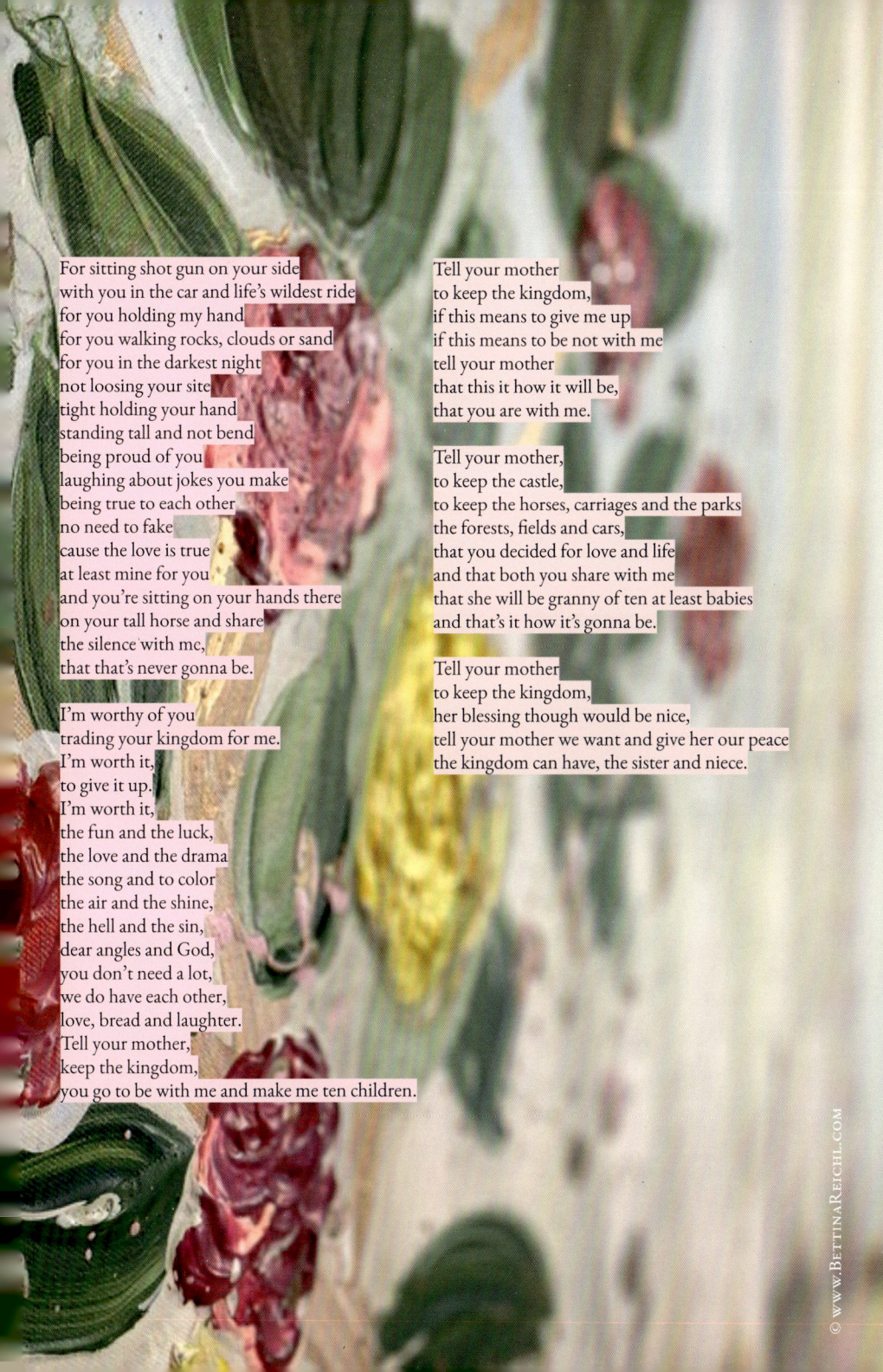

For sitting shot gun on your side
with you in the car and life's wildest ride
for you holding my hand
for you walking rocks, clouds or sand
for you in the darkest night
not loosing your site
tight holding your hand
standing tall and not bend
being proud of you
laughing about jokes you make
being true to each other
no need to fake
cause the love is true
at least mine for you
and you're sitting on your hands there
on your tall horse and share
the silence with me,
that that's never gonna be.

I'm worthy of you
trading your kingdom for me.
I'm worth it,
to give it up.
I'm worth it,
the fun and the luck,
the love and the drama
the song and to color
the air and the shine,
the hell and the sin,
dear angles and God,
you don't need a lot,
we do have each other,
love, bread and laughter.
Tell your mother,
keep the kingdom,
you go to be with me and make me ten children.

Tell your mother
to keep the kingdom,
if this means to give me up
if this means to be not with me
tell your mother
that this it how it will be,
that you are with me.

Tell your mother,
to keep the castle,
to keep the horses, carriages and the parks
the forests, fields and cars,
that you decided for love and life
and that both you share with me
that she will be granny of ten at least babies
and that's it how it's gonna be.

Tell your mother
to keep the kingdom,
her blessing though would be nice,
tell your mother we want and give her our peace
the kingdom can have, the sister and niece.

BETTINA REICHL
federleicht
POESIE & POETRY

THAT'S IT

There is no need
to look back
there is no need
to regret.

Right now is
what counts
right now is
what bounds.

Let them talk.
Let them whisper.
Till their lips
start to blister.

Seeing us
how we fit
no question
not a bit.

What a fuss
they make
the noise
how they cuss.

And then
there are we two
pretending not to listen
to all the mean words of you.

Holding hands
watching it
in silence
building you
that huge fence.

Do you really
want that?
Having nearly
contact.

I wish you
understood it,
continuing like that
will be hard for you to hit.

We are now together
the strongest love ever
you couldn't wish me
anything better.

So change your
point of view
otherwise
I will dismiss you.

Your words
you know
hurt me.

The love
I gained
left me.

Better you
start
dealing
with it.

Better you
stop
talking
shit.

He's the best
I've ever had.
Stop it now,
you make me mad.

I love him
and that's the case.
I say it
straight in your face.

Back off now
and get it.
You have no right,
and that's it.

BETTINA REICHL

federleicht
POESIE & POETRY

„Adelheid"
120 cm x 100 cm

BETTINA REICHL
federleicht
POESIE & POETRY

ME

Come on
I know it better

I'm more than sunny weather
I'm the storm, the rain, the holy shit
and you don't care a bit.

Come on,
I really like you
I actually love you.
I'm the finest woman you can find,
no blue blood but red and that is right.

Come on,
what are you talking,
is it that I didn't want.
I do want,
I do want,
We would love just here and now.
The only thing is that I don't bow.
It's up to you to find out how.

And here I stand
and am alone.
And there I sleep
all by myself.
And there you are
in Rome or where
I have no idea
to share
to share my life
my love
my feelings
if you keep all the distance
a country wide of miles
a language wide of land
and here I'm with my hand
you don't take the risk to take
no courage.
do you shake?
I am here,
I feel something inside me break.

And then it's over
and I am free,
and then it's over
and I am me.

BETTINA REICHL
federleicht
POESIE & POETRY

„Freya"
120 cm x 100 cm

MILAS FREUNDIN FABI

Das Leben geliebt
das Leben geatmet
das Leben genossen
im Nahen und im Fernen
die Welt bereist
mit offenen Augen
so liebtest du zu lernen.
Gearbeitet um das Leben zu feiern
in vollen Zügen
mit uns an deiner Seite
deine Freunde tragen dich im Herzen
im Tiefen und der Weite
wo wir auch sind
verstreut in der Welt
wir haben ein Netz,
das uns zusammen hält.
Sei gewiss, das reicht bis in den Himmel
aus silberner Liebe geflochten,
elastisch und stark -
du siehst es von oben geschnürt,
wie es jeden in Liebe berührt.

BETTINA REICHL
federleicht
POESIE & POETRY

„Tereza Luzmila Elisa Lucar Arias"
100 cm x 120 cm

BETTINA REICHL
federleicht
POESIE & POETRY

A MASTERPIECE

You are a piece of art
how God made you.
Your colors are
selected well.

There is a beauty,
in your mixture,
that is not meant to
buy or sell.

You are unique,
a masterpiece.
Marzipan, caramel or dark chocolate.
Why would you try
to fit in,
when you were made to stick out!?

You are a piece of art
how God made you.
Your colors are selected well.

Why was I trying to fit in?
When I was made to stick out?

Wanna be like the others so tanned.
Aloe vera I was creaming
burned by the sun-bank.

White skin and black hair
green eyes and freckles there,
Snow White, and I drifted,
no right, try to fit in.

It is good,
how it is,
meant to be,
now I see.

Now I'm walking tall,
keeping my head up,
choose to make a cut.
Nobody has the power to make me fall.

Not any more,
not with lies and intrigues,
give nobody the power who is eager,
this is what I swore.

Envy is bad,
especially for that
one, who suffers to feel.
Understand, making me feel bad,
enough of that.

This is human,
you can find it everywhere,
so surround yourself with people
you are sure of, they care.

Friends with substance,
they are pure treasure,
keep them close to your heart,
they are not to measure.

Wherever you find
such a selected, special find,
worship them and be kind,
invite them into your heart,
the mosaic of art,
contains different pieces,
that are hard to find,
and make the art.

With such a group of souls
knowing your life,
makes every attack with a knife,
not even worth the scar.

You can decide
not to notice
a stab in your back,
a slice on your wrist,
something mean,
someone hissed,
in your belly a fist.

Carry your head up tall
keep your spine always straight,
there's no need to bend,
kissing feet,
or lend
someone your ear,
what you hear,
it's false and not sincere.

There's no need for you to bear,
what you sense,
is intense.

Walking away,
don't consider to stay.
It brings you down,
such bad energy
leave them where they are,
back with there envy and their frown.

Keep your head up high,
don't trust the lie.
Surround yourself
with people you know,
they deserve a golden frame
and the best spot on your shelf.

They are so special
and great,
you feel light,
like holiday in May.
Having a stroll
on Carmel Bay.
Listening to Billy Ray.
What more can I say?
With them life tastes,
like martini
on ice,
in a bikini.

Having cake in a café,
with friends it's like Moët,
plus dancing on the table, let's say.
Like a wedding in May.

A talk on the phone,
even if they moan,
feeling like,
pure comfy-zone.
Like a paid-off loan,
like a bucket of flowers,
and a chocolate ice-cone!

WORK WITH A SPARK

Let's be honest
what you fear
I'm gonna say
- you don't wanna hear.

Since you told me
I lost all words
to describe it
- well, it hurts.

You said, you wanna be a star
sitting in every first row
in Paris, Milan, New York
- whatever fashion show.

To be the diva
in magazines
for fashion, style
a recommendation by you worthwile.

Writing an article about me,
I noticed your talent there.
A gift like you have
- is rare.

Well, I helped you
to let your dream come true.
So day and night, here and there
- we did prepare.

Till everything was set.
Professional, elegant,
the best taste ever you have
- I'm glad we met.

You had everything set.
The best job ever
- I bet.

Today you showed me „it",
the fist thing I thought was „shit".
How can you be O.K. with that?
The real thing having in your head?

First working
with all your heart
and now lasse-fair-
might be not so smart.

Putting all your soul in
and being even good at it,
and now, what a shame,
being fine with however it came.

It's hard for me to bare
waisting a talent so rare,
a gift which is there,
and you don't even care.

Your work has a sparkle,
but you don't give a damn,
I find this a debacle.

If you refuse to use your spark,
how sad,
you not leaving your signature mark.

Mache deine eigene Ausstellung

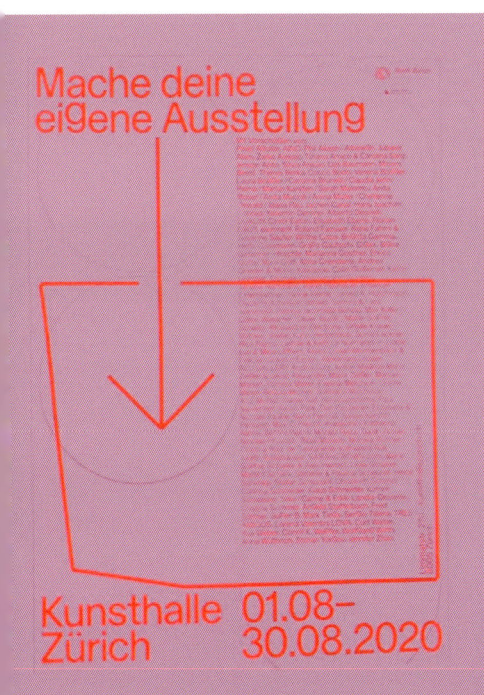

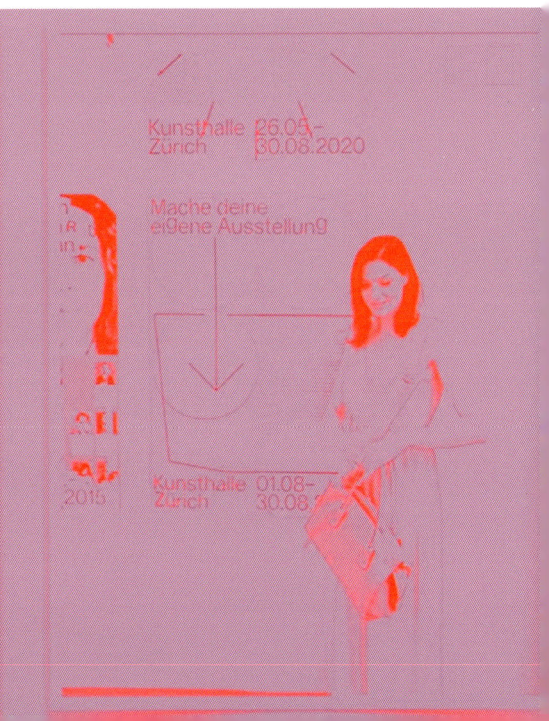

Kunsthalle Zürich 01.08–30.08.2020

KUNSTHALLE ZÜRICH
KINDERBUCH ALS AUSSTELLUNG
www.Bett[inareichl.com]

KUNSTHALLE ZÜRICH; 3. Stock Wand 1

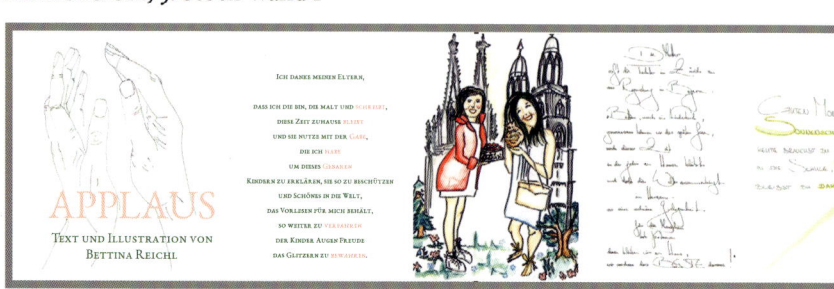

KUNSTHALLE ZÜRICH; 3. Stock Wand 2

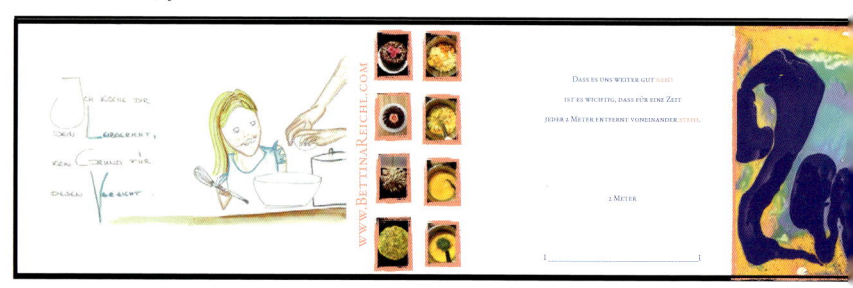

KUNSTHALLE ZÜRICH; 3. Stock Wand 3

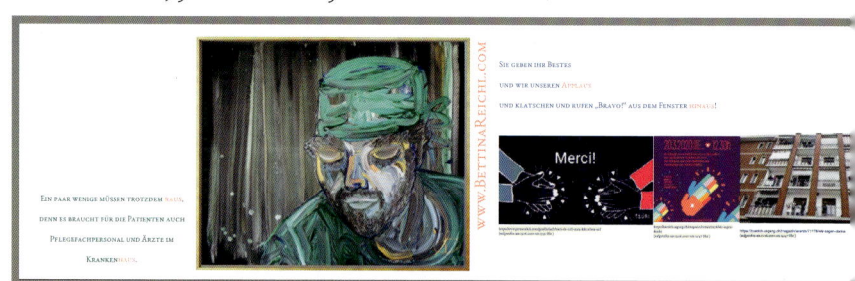

KUNSTHALLE ZÜRICH; 3. Stock Wand 4

RICH - „APPLAUS"
- TEXT UND ILLUSTRATION VON
BettinaReichl.com *federleicht* ©

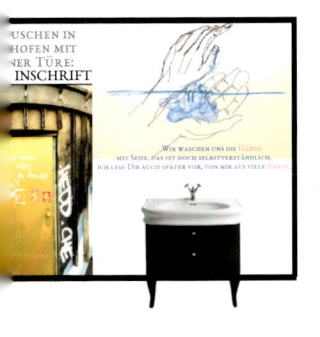

KUNSTHALLE ZÜRICH; 3. Stock Wand 5; Ausgang

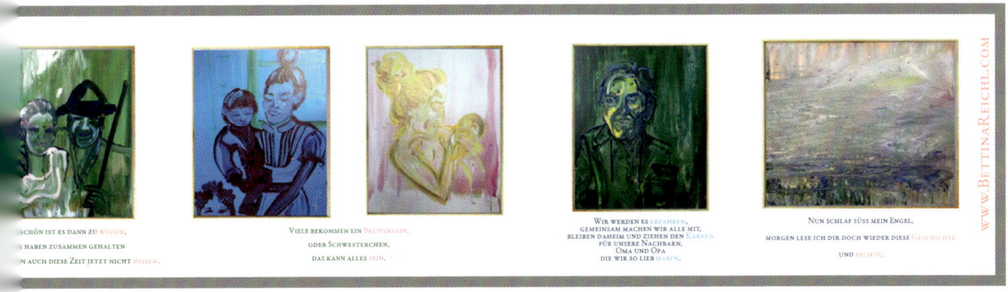

BETTINA REICHL
federleicht
POESIE & POETRY

„Josephine und Philomena"
120 cm x 100 cm

BETTINA REICHL
federleicht
POESIE & POETRY

„Constance"
120 CM X 100 CM

BETTINA REICHL
federleicht
POESIE & POETRY

DIE KLINIKLEITUNG SPRICHT

Liebe Kolleginnen,
liebe Kollegen,
die Klinikleitung spricht:
Hört alle her,
seht alle hin,
ein Weihnachtsgruß ist bei jedem von Euch
im Posteingang drin.

Wir danken sehr,
für alles,
für jedes Lächeln bei der Arbeit,
für jedes nette Wort,
für jede Geste,
jeden Schritt,
an an diesem, unseren Arbeitsort.

Wir schätzen sehr,
was Ihr hier tut,
was Ihr vollbringt,
was Ihr vermögt
und freuen uns
dass wir beisammen
diese Leistung spüren,
die wir auf Papier sehen,
wie wunderbar Ihr die Patienten hegt,
wie hervorragend die Patienten gepflegt.

Ja stolz wir sind,
die Klinikleitung,
jeder von uns möchte es hier sagen:
Respekt,
Hut ab,
danke, dass wir Euch haben.

Nun wünschen wir,
ein gesegnetes,
frohes und üppiges,
gesundes und friedvolles
Weihnachtsfest
im Kreis Eurer Lieben,
eine schöne Zeit,
dass Ihr alle gesund bleibt
und nach den Feiertagen
gemeinsam das neue Jahr
zusammen begehen
und dann alle
erholt wieder sehen.

Mit ein paar Plätzchen mehr auf den Rippen.
Das ist uns vergönnt.
Die Klinikleitung freut ein jeder Mitarbeiter
der hier entlang geht heiter,
die Kollegen schätzt
und seine Spur hinterlässt,
in der exzellenten Arbeit
für die Patienten,
für die Forschung,
für das Weiterkommen,
gemeinsam, ganz versonnen,
freuen wir uns sehr
sind dankbar um jede Hand,
jeden Kopf,
den Verstand,
der beisteuert unseren Erfolg
und jetzt
hör ich auf
mit dem Bedanken,
lasst Euch feiern,
dass wir hier sind
in diesen Reihen.

Im USZ
der Plastischen Chirurgie
der Handchirurgie
der Verbrennungschirurgie
wo uns nie langweilig wird
wo sich immer was rührt
wo wir rennen,
denken,
schaffen,
worauf wir stolz sein können.
Seite an Seite,
manchmal sogar in der Zeitung,
Eure Klinikleitung.

DAS TREPPENHAUS

Sicht der Karrierestufen von unten und von oben

MEIN ARBEITSWEG

Mein Arbeitsweg früh morgens
um den ich dankbar bin
seh ich schon alle Farben
die erwachen um mich herum,
die Lichter in den Häusern,
die frisch geschminkten Augen,
die mich grüßen an den Straßen
jeden Morgen wir uns sehen
wenn wir in die Arbeit gehen,
mit der Tram hin fahren,
zu Fuß hin stapfen,
wenn der Schnee zu hoch ist über Nacht,
dass sie sich entschieden nicht zu fahren.
Gut gelaunt ein „Guten Morgen"
springt mir das Herz weit auf,
wenn ich sehe meine Kollegen
zusammen den Tag begehen,
was auch kommt
es ist interessant
wir lernen gebannt
täglich besser zu werden
und dort meine Liebe zu geben,
für die Kollegen und die Patienten,
was ist das für ein Segen.

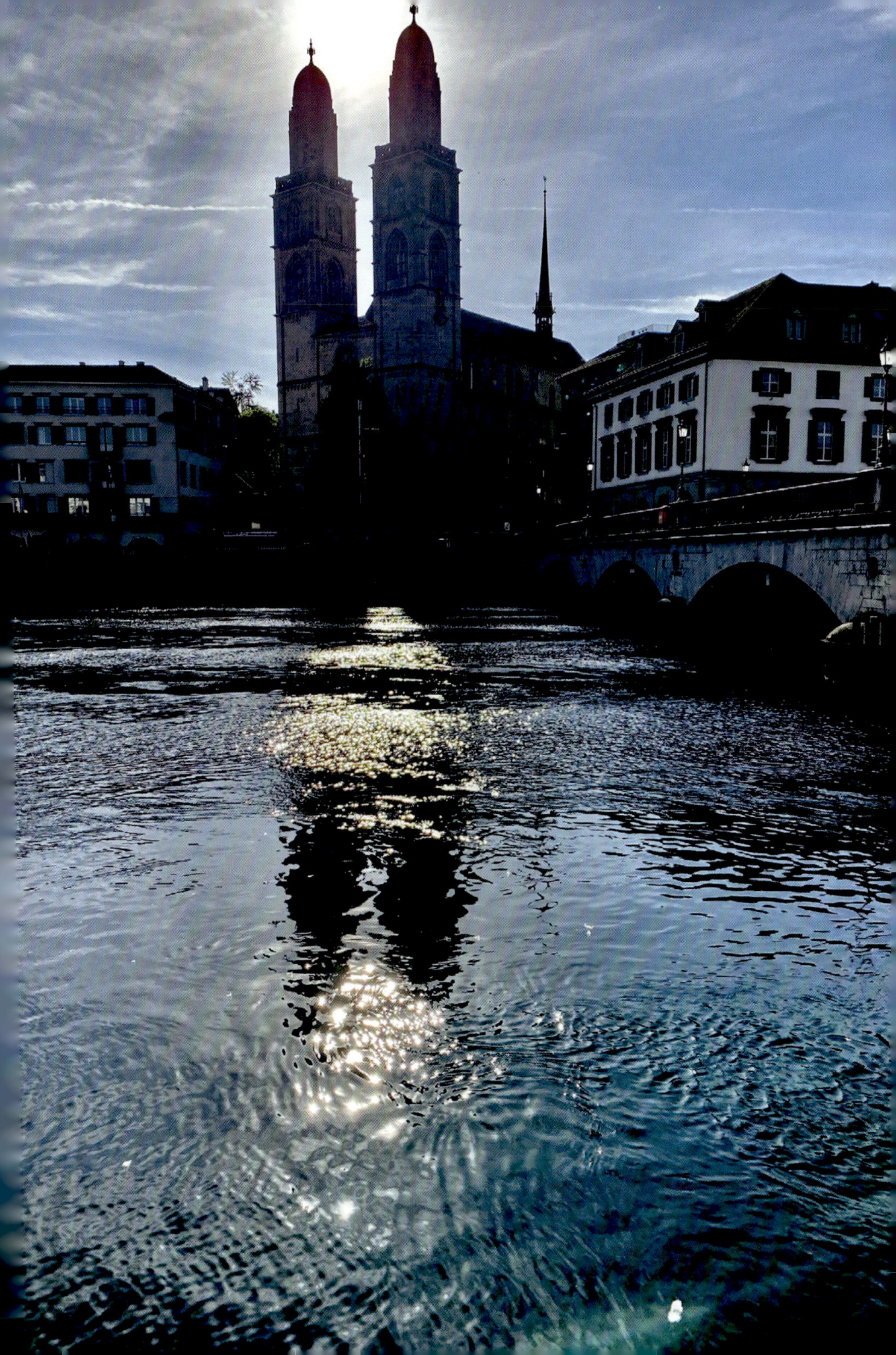

Perspektiven

Künstler der Medizin

Eine Liebesgeschichte in Bild und Wort

Bettina Reichl bewegt sich zwischen Malerei und Medizin. Sie hat den Porträtzyklus «Künstler der Medizin» geschaffen, den wir ab der nächsten Ausgabe vorstellen werden.

Catherine Aeschbacher, Chefredaktorin vsao Journal. Foto: Rodrigo Lopes.

Wann haben Sie Ihre Liebe zur Malerei entdeckt?
Ich habe schon als Kind gern gemalt und mich in meinen Bildern mitgeteilt.

Haben Sie Ihr Talent selbst weiterentwickelt oder hatten Sie Förderer, eine Ausbildung usw.?
Mein Vater ist Schreinermeister und Restaurator und hat mich die Sicht auf die feine Handarbeit, Formen der Epochen, Muster der Stile und Materialien gelehrt und mich mit seinen Skizzierungen und Plänen für Architektur und Inneneinrichtung inspiriert. Auch Mama bin ich sehr dankbar für die Farbgestaltung und Harmonie, mit der sie das Haus und den Garten in ein Paradies verwandelt. Mein Kunstlehrer, Herr Roehrig, hat mich im Gymnasium erstmals als Künstlerin wahrgenommen und gefördert. Meine Freunde – sie sind mein Reichtum. Zu finden in meiner Schatzkammer der Porträts.

Sie haben zunächst eine Ausbildung zur Kinderkrankenschwester gemacht. Wie kam es dazu?
Inspiriert hat mich ein Film mit Audrey Hepburn als Krankenschwester sowie meine Mutter, die ihren Beruf, der ihr viel Freude bereitete, aufgegeben hat, um zusammen mit meiner Tante Witta (gemalt als «Roswitha Kamm») meinem

Federleicht und hochkonzentriert: Bettina Reichl beim Malen.

Opa den Wunsch zu erfüllen, dass er in seinem Haus wohnen bleiben kann. Sie haben ihn bekocht und gepflegt. Sie haben dort eine so angenehme Stimmung verbreitet, dass ich es als wertvolle Arbeit empfinde, die Freude bereitet. So wurde es mir vorgelebt. Da ich Kinder liebe, gab ich meiner sozialen Kompetenz in der Neonatologie Nahrung.

Danach haben Sie Englisch, Geschichte und Deutsch studiert. Was hat Sie dazu bewogen?
Meine damalige Liebe zu einem Amerikaner hat mich dazu bewogen, diese Sprache auch in mein Herz zu lassen, und die Liebe zur englischen Sprache ist geblieben. Geschichte und Geschichten fand ich schon immer interessant. Die Diplomatie, die Zusammenhänge, die Weisheiten, die Kunst, die Kultur, die Menschen, die Denkweisen in den Ländern und Zeiten und die Literatur faszinieren mich.

Sie haben einige Zeit in Kalifornien gelebt und Deutsch unterrichtet. Danach sind Sie nach Deutschland und in Ihren alten Beruf zurückgekehrt. Weshalb?
Ich habe in Santa Cruz und South Lake Tahoe gewohnt und meine Eindrücke in meinen Bildern verarbeitet. Die Sehnsucht nach meinen Wurzeln hat mich wieder zurück nach Bayern geführt.

Welchen Platz hatte die Malerei in diesen ganzen Jahren?
Die Malerei hatte stets einen wichtigen Platz in meinem Herzen und die Farben in meiner Seele.

Ihr Zyklus «Federleicht» umfasst eine Reihe von Hühnerporträts. Wie sind Sie auf das Huhn gekommen?
Ich fühle mich federleicht und alles, was ich male, ist federleicht.

Derzeit leben Sie in Zürich und arbeiten als Hospitalisationsmanagerin an der Klinik für Plastische Chirurgie am Universitätsspital. Was gab den Ausschlag für diesen Wechsel?
Ich bin gerne mit Menschen zusammen, die sich verantwortungsvoll für das Wohl anderer Menschen einsetzen.

Der Zyklus, den wir in den nächsten Ausgaben des Journals vorstellen werden, heisst «Künstler der Medizin» und ist eine Porträtreihe von Ärzten. Was hat Sie dazu inspiriert?
Ich sehe das Werk der Ärzte als Kunst und möchte diesen Ärzten und Ärztinnen in dieser Serie den Raum und die Anerkennung geben, die sie verdienen.

Und wie erfolgte die konkrete Umsetzung? Sind Ihnen die Porträtierten Modell gesessen?
Die Ärzte und Ärztinnen geben mir ein Foto, auf dem sie sich selbst gerne mögen. Zudem frage ich sie, welche Farbe sie wären, wenn sie eine Farbe wären. In dieser Farbe bringe ich ihre Melodie auf die Leinwand.

Welches sind Ihre nächsten Projekte?
Ich mache aus meinem Leben eine Liebesgeschichte und teile sie in Bild und Wort.

Perspectives

Les artistes de la médecine

Une histoire d'amour en texte et en image

Bettina Reichl navigue entre peinture et médecine. Elle a créé une série de portraits «Les artistes de la médecine» que nous allons présenter à partir du prochain numéro.

Catherine Aeschbacher, rédactrice en chef du Journal asmac. Photo: Rodrigo Lopes

Quand avez-vous découvert votre amour de la peinture?
Déjà lorsque j'étais enfant, j'aimais peindre et m'exprimer par mes images.

Vous êtes-vous perfectionnée en autodidacte ou avez-vous été encouragée ou suivi une formation, etc.?
Mon père est maître menuisier et restaurateur et m'a appris à considérer le travail manuel minutieux, les formes des époques, les schémas de style et matériels. De plus, ses esquisses et plans ont été une source d'inspiration pour l'architecture et l'aménagement intérieur. Je suis aussi très reconnaissante à ma mère pour le choix des couleurs et l'harmonie qu'elle a mis en œuvre pour transformer la maison et le jardin en paradis. C'est au gymnase que mon professeur d'art, M. Roehrig, a pour la première fois remarqué et encouragé mon talent d'artiste. Mes amis sont ma richesse. Ils sont à découvrir dans la salle du trésor de mes portraits.

Vous avez tout d'abord suivi une formation d'infirmière pédiatrique. Qu'est-ce qui vous a conduit à faire ce choix?
Un film avec Audrey Hepburn dans le rôle de l'infirmière et ma mère qui avait exercé sa profession avec joie et qui y avait renoncé pour satisfaire au désir de mon grand-père, avec ma tante Witta (représentée sur le tableau «Roswitha Kamm»),

Légère comme une plume, mais très concentrée: Bettina Reichl en train de peindre

Perspectives

de pouvoir vivre dans sa maison tout en étant entouré et soigné. Elles y ont répandu une ambiance tellement agréable que je considère cette profession comme une tâche précieuse et satisfaisante. J'ai donc suivi l'exemple. Comme j'aime les enfants, j'ai pu nourrir ma compétence sociale dans le domaine de la néonatalogie.

Ensuite, vous avez étudié l'anglais, l'histoire et l'allemand. Comment en êtes-vous arrivée là?
A l'époque, j'étais amoureuse d'un Américain. C'est ce qui m'a incitée à apprendre cette langue et cet amour de la langue anglaise est resté intact. Quant à l'histoire et aux histoires, j'ai toujours trouvé cela intéressant. La diplomatie, les liens, la sagesse, l'art, la culture, les gens, les modes de pensée dans les pays et les époques et la littérature me fascinent.

Vous avez vécu pendant une certaine période en Californie où vous avez enseigné l'allemand. Ensuite, vous êtes retournée en Allemagne et à votre ancienne profession. Pourquoi?
J'ai habité à Santa Cruz et South Lake Tahoe et traité ces lieux dans mes tableaux. La soif de retrouver mes racines m'a ramenée en Bavière.

Quelle place la peinture a-t-elle occupée tout au long de ses années?
La peinture a toujours occupé une place importante dans mon cœur et les couleurs dans mon âme.

Votre série «légère comme une plume» (Federleicht) comprend une série de portraits de poules. Comment en êtes-vous venue aux poules?
Je me sens légère comme une plume et tout ce que je peins est léger comme une plume.

Actuellement, vous vivez à Zurich et travaillez comme gestionnaire des hospitalisations à la clinique de chirurgie plastique de l'Hôpital universitaire. Qu'est-ce qui a motivé ce changement?
J'aime les gens qui s'engagent avec responsabilité pour le bien-être des autres.

La série que nous allons présenter dans les prochains numéros du Journal s'appelle «Les artistes de la médecine». Il s'agit d'une série de portraits de médecins. Quelle a été votre source d'inspiration?
Je considère l'œuvre des médecins comme de l'art et souhaite, dans cette série, donner à ces médecins l'espace et la reconnaissance qu'ils méritent.

Et comment avez-vous procédé? Les personnes dont vous avez fait le portrait ont-elles posé pour vous?
Les médecins me donnent une photo d'eux qui leur plaît. De plus, je leur demande quelle couleur ils seraient s'ils étaient une couleur. C'est dans cette couleur que je peins leur mélodie sur la toile.

Quels sont vos prochains projets?
Je vais faire de ma vie une histoire d'amour que je vais partager en texte et en image.

KÜNSTLER DER MEDIZIN

Der Künstler ist ein Mann,
der vieles besser kann,
die Künstlerin die Frau,
dies so schön macht,
dass ich nur schau,
gar staun,
was sie vermögen
weit über das Maß des Guten,
durch eigenen Anspruch nicht ruhten
und einem Talent als Gabe
diese Menschen in ihrer Farbe
ganz eigen und vital
malte ich sie original
so wie ich sie seh
in ihrem Licht,
ganz subjektiv die Sicht
doch meine und so existiert
die Würdigung der Künstler
der Medizin auf Leinwand
ein Meter auf eins zwanzig
für Dich um zu bestaunen
die Wertschätzung von jenen,
die ohne Raunen
im OP, Spital, Kreissaal versteckt
für alle die gesund und nicht im Krankenhaus,
es so nicht wissen
zeig ich meine Auswahl
an Künstler sonders Gleichen,
nur ein Künstler auch es schafft
ihnen das Wasser zu reichen.
Ein „Bravo!" ich nun rufe
den Künstlern der Medizin zur Ehre
fingerfertig, präzise, ein brennendes Herz sie alle vereint
manche noch eine Liebe für die Lehre
um weiter zu geben diese Kunst
zum Wohle unserer aller Gunst.

BETTINA REICHL
federleicht
POESIE & POETRY

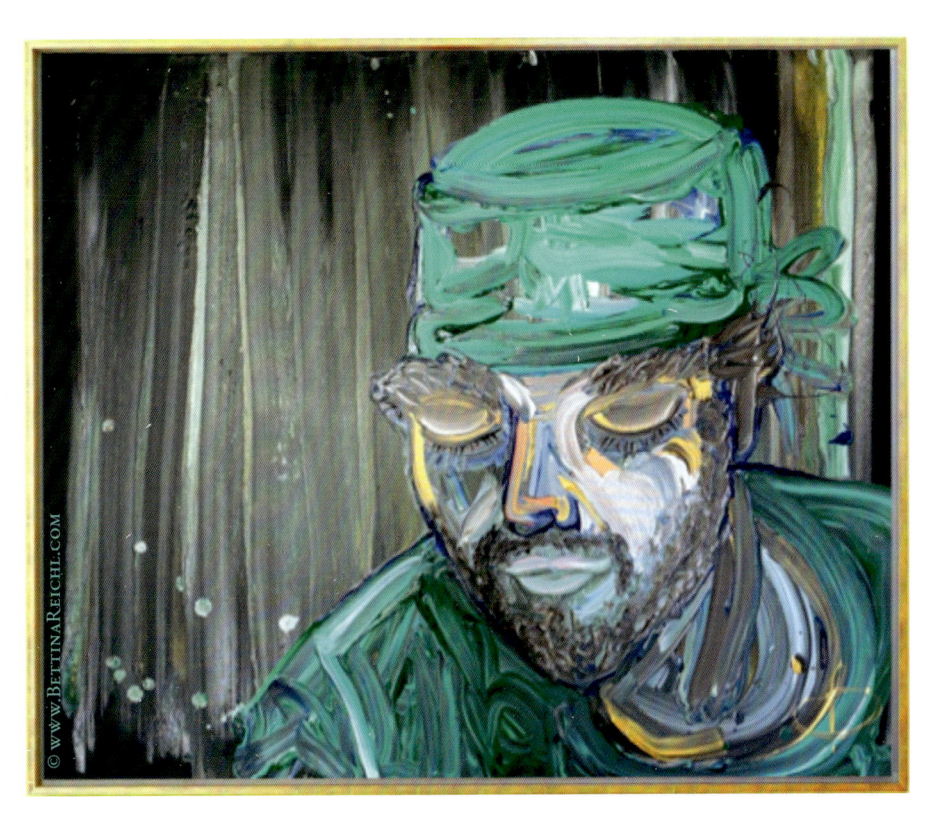

„Künstler der Medizin"
120 cm x 100 cm

BETTINA REICHL
federleicht
POESIE & POETRY

Serie
„KÜNSTLER DER MEDIZIN"
je 100 x 120 cm

BETTINA REICHL
federleicht
POESIE & POETRY

BETTINA REICHL
federleicht
POESIE & POETRY

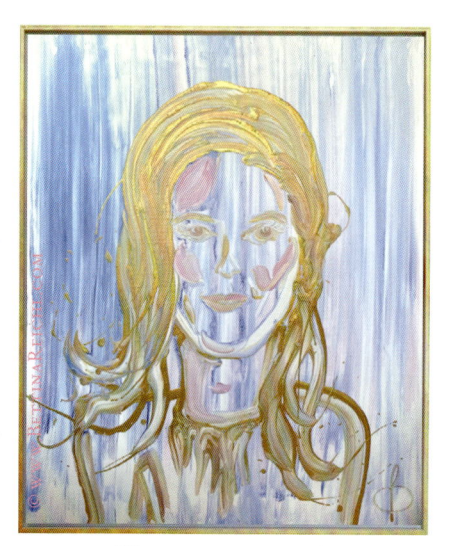

„Künstler der Medizin" -
Prof. Dr. Nicole Lindenblatt

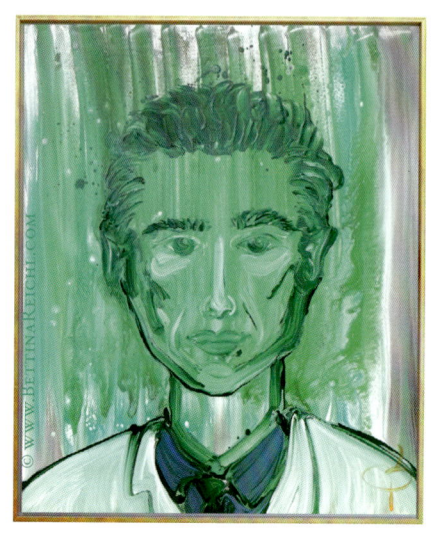

„Künstler der Medizin" -
Dr. Marco Guidi

„Künstler der Medizin" -
Dr. Anna Wang

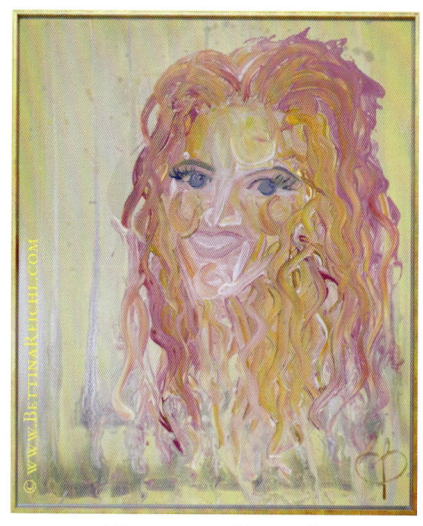

„Künstler der Medizin" -
Dr. Sophie Charlotte Brackertz

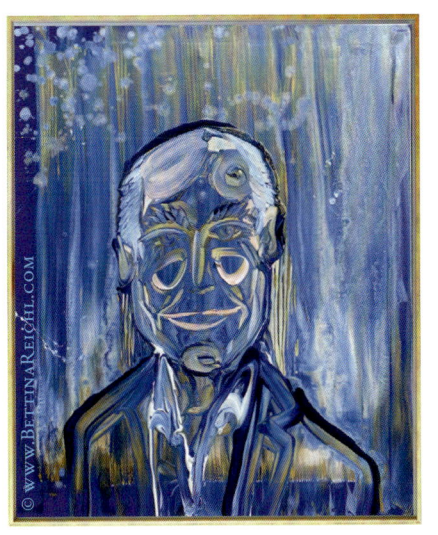

BETTINA REICHL
federleicht
POESIE & POETRY

„Künstler der Medizin" -
Dr. Bernward Gall

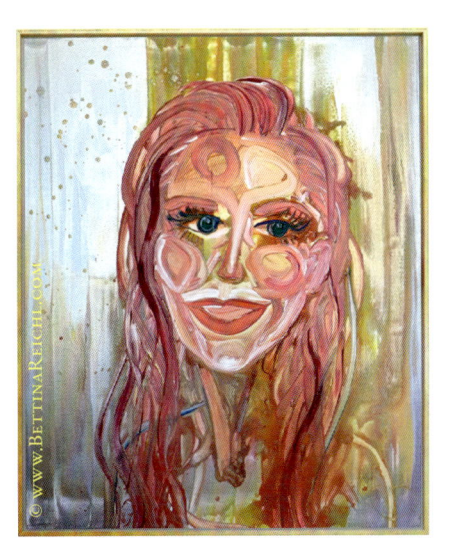

„Künstler der Medizin" -
Eva Breuer

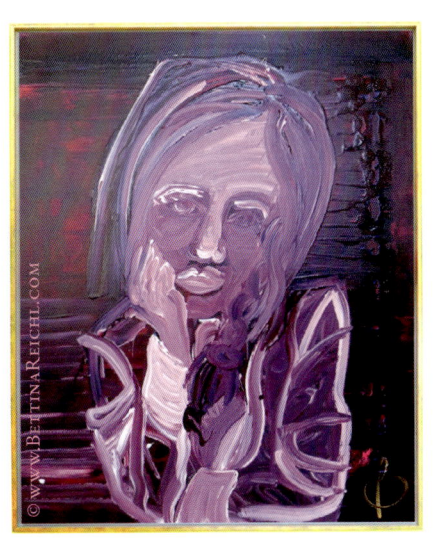

„Künstler der Medizin" -
Hong Hanh Nguyêñ

„Künstler der Medizin" -
Prof. Dr. Christian Breymann

BETTINA REICHL
federleicht
POESIE & POETRY

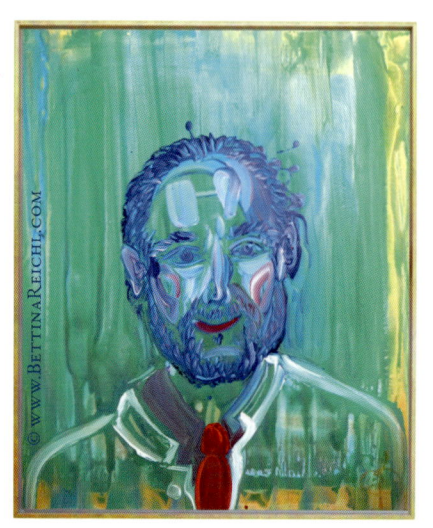

„Künstler der Medizin" -
Prof. Dr. Wolfgang Rösch

„Künstler der Medizin" -
Dr. Tatjana Siebert I

„Künstler der Medizin" -
Prof. Dr. Dominique Le Viet

„Künstler der Medizin" -
Dr. Michael Pohl
mit Sohn Prof. Dr. Daniel Pohl

BETTINA REICHL
federleicht
POESIE & POETRY

„Künstler der Medizin" -
Raffael Labèr

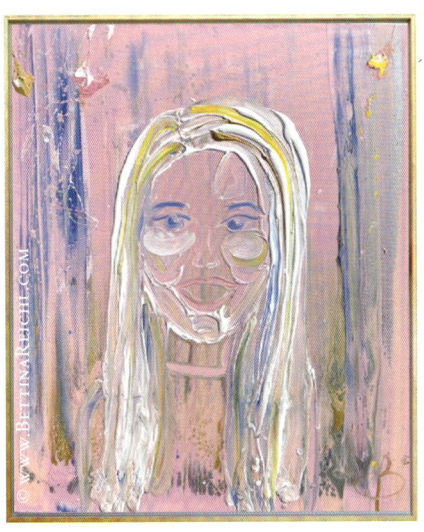

„Künstler der Medizin" -
Dr. Karin Gaida

„Künstler der Medizin" -
PD Dr. Bong-Sung Kim

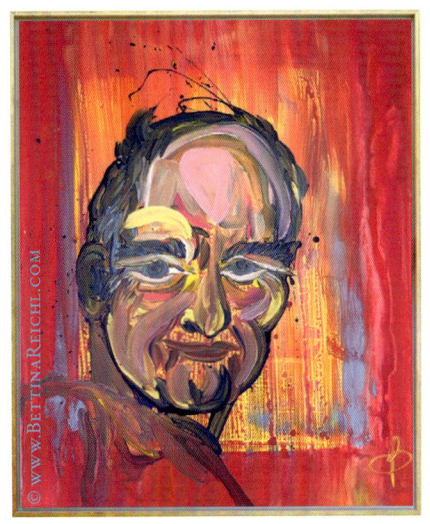

„Künstler der Medizin" -
Prof. Dr. T. L.

BETTINA REICHL
federleicht
POESIE & POETRY

„Künstler der Medizin" -
Dr. Didier Schneiter

„Künstler der Medizin" -
Dr. Inga Besmens

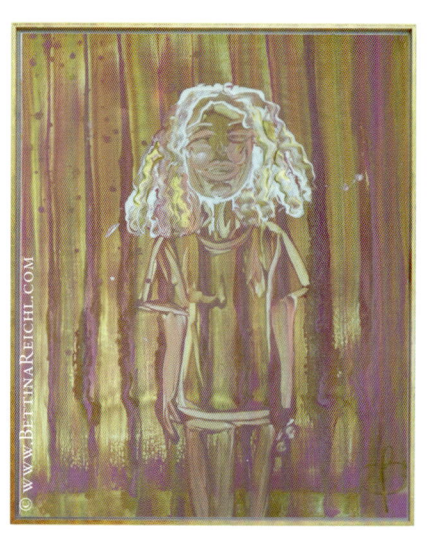

„Künstler der Medizin" -
Laima Bandzaite

„Künstler der Medizin" -
Dr. med. Annette Stehr und
Prof. Dr. med. Dr. h.c. Maximilian Stehr

BETTINA REICHL
federleicht
POESIE & POETRY

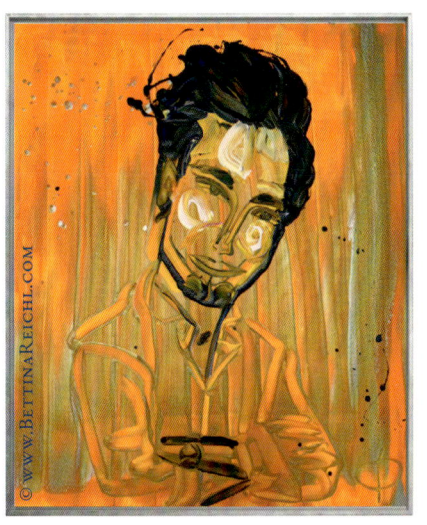

„Künstler der Medizin" -
Dr. Alexandre El Hage

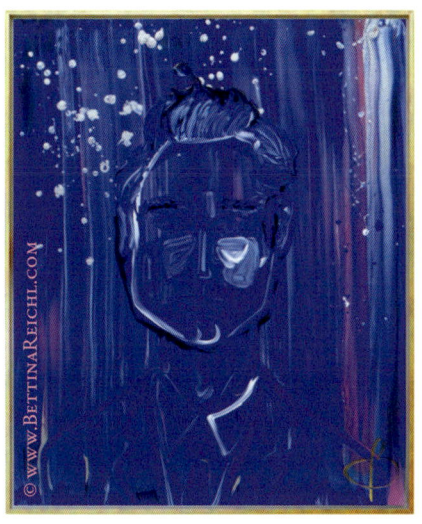

„Künstler der Medizin" -
PD Dr. Perparim Limani

„Künstler der Medizin" -
Dr. Carlotta Barbon

„Künstler der Medizin" -
Dr. Patrick Kwiatkowski und
Dr. Bilge Kwiatkowski

BETTINA REICHL
federleicht
POESIE & POETRY

„Künstler der Medizin" -
Dr. André Alexander Barth

„Künstler der Medizin" -
Dr. Mauro Vasella

„Künstler der Medizin" -
Dr. Anna Burger

„Künstler der Medizin" -
Dr. Riccardo Schweizer

BETTINA REICHL
federleicht
POESIE & POETRY

„Künstler der Medizin" -
Dr. Sarah Harris

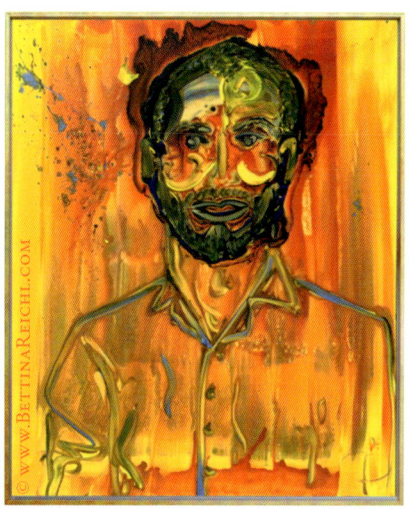

„Künstler der Medizin" -
Nicolás Stamer

„Künstler der Medizin" -
Dr. Tatjana Siebert II

„Künstler der Medizin"

BETTINA REICHL
federleicht
POESIE & POETRY

„Künstler der Medizin" -
Laura Schneider

„Künstler der Medizin" -
PD Dr. Yvonne Achermann

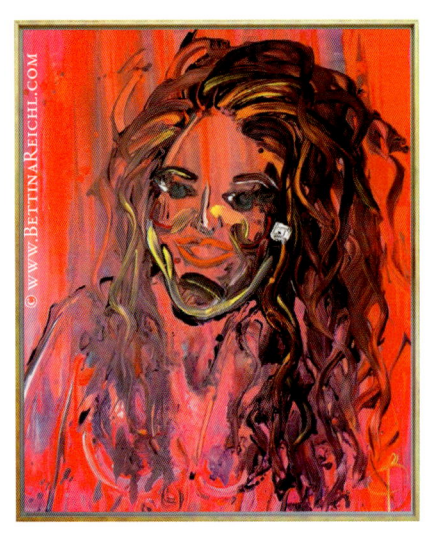

„Künstler der Medizin" -
Dr. Bita Tafrishi

„Künstler der Medizin" -
Dr. Lisanne Grünherz

Perspectives

Les artistes de la médecine

Prof. D^r méd. Nicole Lindenblatt

Nicole Lindenblatt me fascine. Elle ne me fascine pas parce qu'elle est professeure mais parce qu'elle a fait son chemin jusqu'à devenir directrice suppléante de la clinique. Tout cela n'est pas le fruit du hasard. En effet, tous les matins à 7h00, elle est à la clinique et le soir à 21h00 ou même plus tard, elle est encore assise à son bureau avec trois bouteilles de coca sur la table. Ce n'est pas cela qui me fascine, car il n'y a rien de particulier au fait que le capitaine quitte le bateau en dernier. On n'a rien sans rien.

Ce qui me fascine, c'est son humanité. Dans l'environnement exigeant et empreint de professionnalisme d'un hôpital universitaire, elle prend le temps d'écouter les autres, pour l'entretien de planification de carrière des sous-assistants. Elle prend le temps de rendre chaque jour visite à ses patients. Même si ceux-ci ne relèvent plus de sa responsabilité depuis des mois. Se renseigne sur leurs plaies et procède elle-même au changement de pansement dans un autre service. Elle est là et colle à une vitesse incroyable et avec une grande précision 20 à 25 rubans stériles, jusqu'à ce qu'elle soit satisfaite du résultat. Elle découpe, colle – comme un maître.

Même après avoir passé huit heures au bloc opératoire, Nicole Lindenblatt longe silencieusement le couloir comme une fée, elle plane. Elle plane même si après de fatigantes discussions dans les organes dirigeants, elle devrait s'effondrer auprès des collaborateurs et patients. Elle ne le fait pas, elle reste impassible. Si elle était un mot, son mot serait «allure».

«Lindenblatt» (feuille de tilleul) est un joli nom. La feuille du tilleul a la forme d'un cœur, l'écorce est lisse, le bois est tendre et résistant, la structure est claire, fine et dense et le tilleul se tient droit. C'est très caractéristique. Autrefois, sa famille élevait des chevaux en Prusse orientale. Elle a gagné ses galons à Zurich et vit comme une artiste qui reconstruit des ailes du nez symétriques sur la base du cartilage de l'oreille pour des patients brûlés, un peu comme une magicienne. Elle reste toujours humble. Les sous-assistant(e)s appellent Mme la Professeure Lindenblatt par son prénom, Nicole, et la prennent pour une médecin-assistante, comme ils pensent qu'elle a tout juste la trentaine. Sa ressemblance avec un elfe s'illustre aussi par le fait que personne ne se sent mal à l'aise en sa présence, elle qui a une personnalité à la fois équilibrée et douce.

J'ai peint l'impression qu'elle m'a laissée. J'ai aussi utilisé beaucoup de couleur, comme je le fais toujours, tout en veillant à trouver la bonne tonalité. Sa couleur est or. C'est ainsi, tout simplement. De plus, j'ai révélé sa tendresse et son caractère féerique par du rose dans un bleu clair. Le portrait paraît ainsi à la fois très léger et fin. Je trouve que je l'ai bien réussi. Je la perçois comme je l'ai peinte, c'est-à-dire comme être humain et artiste. Tendre et féerique.

Bettina Reichl, peintre et gestionnaire des hospitalisations à la clinique de chirurgie plastique de l'Hôpital universitaire de Zurich
(La version intégrale du texte [en allemand] est disponible sur www.bettinareichl.com)

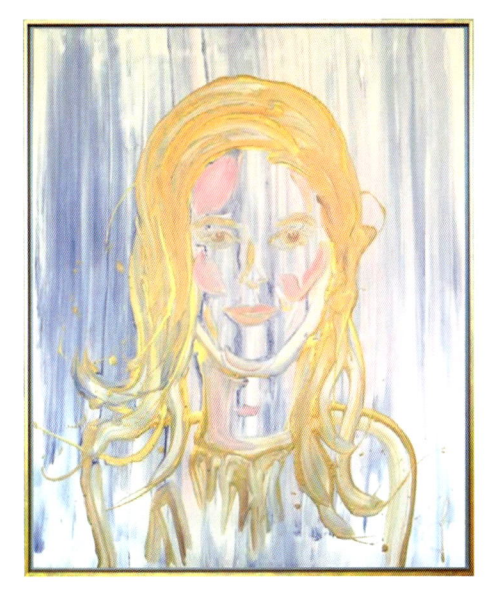

Perspectives

Les artistes de la médecine

Dr méd. Marco Guidi

La chirurgie de la main est à Marco Guidi ce que la peinture est pour moi. Il fait déjà ses recherches à 5h du matin, passe ses vacances à rédiger des articles, parfois même la nuit. Et de 6h du matin jusqu'au soir, il travaille comme chef de clinique. Ses collègues le surnomment MacGyver lorsqu'il leur explique avec un grand sourire comment avec un serre-câble il vient de réaliser un exploit, une «modified Suzuki technique with cable-ties for unstable fracture-dislocations of the proximal interphalangeal joint». Son regard pétille et il exulte d'enthousiasme et de joie. Pour le reste, il est plutôt pâle, car il ne passe pas ses journées au soleil, mais dans la salle d'opération sans fenêtres, en consultation avec ses patients dans un cabinet sans fenêtres et au bureau pour se consacrer à la recherche et à ses livres. Il a la silhouette d'un coureur de marathon et ses pommettes saillantes illustrent mieux qu'une équerre ce qu'est un angle à 90 degrés. J'ai rajeuni ses pommettes sur le portrait pour me focaliser sur les yeux, calmes et éveillés,

bons et grands. Ils voient le patient comme une personne dont ils saisissent immédiatement l'humeur. Marco Guidi sait d'intuition ce dont cette personne a besoin en ce moment précis. On ne l'oublie pas, peut-être parce qu'il est à l'aise et semble planer à travers les couloirs. Son bonheur, c'est de réparer minutieusement ces blessures compliquées pour non seulement permettre à la main de fonctionner, mais aussi donner un résultat aussi esthétique que possible.

Il explique précisément à chaque patient ce qu'il va faire dans la salle d'opération, et parvient à impliquer le patient de telle manière que celui-ci est aussi concentré que captivé. L'opération devient un projet commun. Médecin et patient connaissent maintenant chaque étape du chemin qu'ils entament ensemble et dont l'issue est prometteuse. Après l'opération, Marco Guidi montre les radiographies et les photos de l'opération au patient en lui expliquant précisément ce qui a été fait. Et le patient est fasciné par le champ des possibilités et observe le résultat de ce travail d'orfèvre sur sa main

réparée. On dirait deux enfants sous le sapin de Noël, émerveillés par une caisse à outils ou un petit train Märklin.

Marco Guidi est beaucoup trop modeste, trop posé, il reste élégamment en retrait. C'est pourquoi je dois le remettre en avant, cet artiste de la médecine. Le peindre et le retenir, comme sur une photo de classe, sur laquelle on aura toujours plaisir à le revoir, dans 10, 20 ou 30 ans en se souvenant de lui, chaleureux et souriant. Même si la vie nous a fait prendre des détours inattendus. C'est pourquoi je l'ai peint pour tous, pour toutes celles et ceux qui ont travaillé et travaillent toujours avec lui, pour ses patients et sa famille qui est sûrement très fière de lui.

Bettina Reichl, peintre et gestionnaire des hospitalisations à la clinique de chirurgie plastique de l'Hôpital universitaire de Zurich

(La version intégrale du texte (en allemand) est disponible sur www.bettinareichl.com.)

Perspectives

Les artistes de la médecine
Dr Didier Schneiter

Alors que je mangeais à la cantine, un sous-assistant me fait frénétiquement du coude et pointe vers un médecin: «Regarde-le, lui! On dirait une star de cinéma!» «Ah.» J'aimerais savoir dans quel film. Le sous-assistant répond presque respectueusement: «Un film de prison.» Lorsque je revois le médecin en question quelques semaines plus tard à la cantine, je m'arrête et l'informe qu'un sous-assistant de notre clinique trouve qu'il ressemble à un acteur. Le médecin en paraît ravi, et lorsque j'ajoute spontanément «d'un film de prison», il éclate d'un rire sonore.

Par la suite, nous mangeons ensemble et discutons. Son épouse est également peintre, ce que je trouve très sympathique. Quelques jours plus tard, je les ai donc invités tous les deux à mon vernissage à la Tessinerplatz. Ce jour-là, il a eu une longue séance. Or, le patron des lieux m'avait octroyé une fenêtre de 18h à 20h pour le vernissage. Didier Schneiter est arrivé deux minutes après 20h, et j'ai été très heureuse qu'il ait pris le temps de venir. Je voulais lui offrir un verre de crémant, mais le patron a interdit à la sommelière de servir un verre de la bouteille pourtant entamée. Il était passé 20h … une conception intéressante de l'hospitalité. La sommelière m'a lancé un regard gêné. Elle devait obéir aux ordres du chef. Le Dr Schneiter a réagi avec beaucoup de décontraction. Après une journée de travail de douze heures, il a déclaré préférer un verre d'eau. J'ai rarement vécu de situations plus désagréables.

J'évoque cette scène, car elle illustre parfaitement pourquoi j'ai peint le Dr Didier Schneiter, médecin adjoint en chirurgie thoracique à l'Hôpital universitaire de Zurich et membre du comité de la Société suisse de chirurgie thoracique. Parce qu'il est tel qu'il est. Toujours élégant et aimable, faisant passer le bien-être d'autrui au premier plan.

En ce moment, je me consacre à l'illustration d'un livre pour enfants dans lequel il est question de ramasser des champignons. Comme protagoniste de l'histoire, j'ai choisi mon grand-père qui adorait «aller aux champignons» en forêt avec son teckel Rexl. Mais l'auteur a trouvé mon grand-père trop vieux, il avait imaginé un personnage plus jeune. Je lui ai montré une photo du portrait du Dr Schneiter; «vous pensiez plutôt à une personne comme lui?» «Oui, exactement.» Lorsque j'ai ensuite demandé au Dr Schneiter s'il était d'accord que je le représente en champignonneur dans un livre pour enfants, il a spontanément dit oui: «J'aime beaucoup aller aux champignons.» Il est formidable. Une belle personne.

Il ne se donne pas de grands airs. Il m'a sauvée de l'embarras lors de mon vernissage, en restant cool et sans prendre garde au patron indélicat.

C'est ce qui fait de lui une star. L'industrie du cinéma ne l'a pas encore débauché. Ainsi, il continue à arpenter les couloirs de l'Hôpital universitaire de Zurich en laissant une empreinte profonde, tant sur le plan humain que professionnel.

Sa couleur est le bleu, le bleu marine. Ses yeux sont bleu ciel. Ses cheveux châtains coiffés en arrière avec de la pommade. Sa peau est bronzée, couleur amande. Sa barbe de trois jours est ponctuée de gris. Il porte les vêtements du bloc opératoire: verts. Avec la blouse de médecin, blanche comme neige.

C'est vraiment un artiste de la médecine, le Dr Didier Schneiter. Suisse. Protagoniste principal. Ses collègues de la chirurgie plastique et de la chirurgie de la main le considèrent comme un «excellent chirurgien».

Bettina Reichl, peintre et gestionnaire des hospitalisations à la clinique de chirurgie plastique de l'Hôpital universitaire de Zurich

(La version intégrale du texte [en allemand] est disponible sur www.bettinareichl.com.)

Perspectives

Les artistes de la médecine
Eva Breuer

Ses couleurs sont le rouge et l'orange vif. Elle brûle d'énergie et de vie. Eva Breuer est médecin assistante dans l'équipe de chirurgie viscérale. J'ai fait sa connaissance, car elle mène des recherches sur l'influence de la peinture sur le bien-être des patients avant une intervention chirurgicale. L'art permet de faire l'expérience d'une situation à de nombreux niveaux. L'art a le pouvoir d'évoquer des sentiments – tous sont permis. Il s'agit de ressentir, d'expérimenter, c'est précisément ce que je trouve passionnant.

C'est pourquoi j'ai hâte de découvrir les résultats d'Eva Breuer. L'art en relation avec la chirurgie – c'est là que deux disciplines fortes se rencontrent. La convergence des deux offre un potentiel d'une ampleur énorme. L'art peut changer les hôpitaux, les couleurs, les couloirs, les chambres des patients, la préparation des brochures d'information, tout l'environnement auquel le patient est confronté.

Chaque jour, j'ai de nombreuses idées à ce sujet. S'il est scientifiquement démontré que l'art a des effets positifs sur le rétablissement des patients, donc qu'il porte ses fruits, j'attends avec impatience un avenir holistique qui voit l'être humain dans toutes ses «couleurs». «I see your colours.» Comme l'amour parvient à voir les multiples facettes d'une personne, à reconnaître sa complexité dans son ensemble. C'est en cela que la médecine est l'un des domaines les plus merveilleux, voire miraculeux, car elle est au plus proche de l'humain.

Eva Breuer est une révolutionnaire. Elle s'était déjà vu attribuer un sujet avec des couleurs pour son travail de maturité, dit-elle. C'était quelque chose qui lui revenait sans cesse. Elle a conservé cette vision ouverte en médecine. Cela explique pourquoi le thème de l'art s'est également imposé à elle dans son travail de médecin.

Elle vient d'Einsiedeln, y a fréquenté le lycée et joué dans des théâtres amateurs. Jusqu'à présent, elle a tenu deux fois un rôle au «Welttheater». Un rôle qui fait partie de la culture locale, de Suisse, du monde. Elle a déjà pris sa place en tant que femme attachée à ses origines, les deux pieds sur terre, en tant que chercheuse enthousiaste, en tant que médecin à l'Hôpital universitaire de Zurich. Elle aime travailler avec des gens et faire de la recherche, à ses yeux, les deux ont la même importance, elle en est convaincue.

Et je rencontre quelqu'un comme ça à la cafétéria. On boit un café et on parle. Elle mentionne un mot, «synesthésie». J'ignorais qu'il y avait un mot pour décrire le fait que je vois les gens en couleurs. Elle voit les couleurs, elle aussi. Je suis convaincue que c'est naturel et chaque être humain peut le faire. En effet, toutes les personnes à qui je demande leur couleur pour un portrait, qu'il s'agisse du directeur d'une clinique ou d'un enfant de 3 ans, sont capables de me dire leur couleur sur le champ.

De nombreuses questions se posent encore et il est merveilleux que le moment soit venu d'explorer plus en détail l'influence de l'art sur la guérison et le rétablissement. Pour cela, il est bon qu'Eva Breuer soit rouge et orange. Qu'elle brûle pour sa cause. C'est passionnant. Je me réjouis de l'avenir.

Bettina Reichl, peintre et gestionnaire des hospitalisations à la clinique de chirurgie plastique de l'Hôpital universitaire de Zurich

(La version intégrale du texte [en allemand] est disponible sur www.bettinareichl.com.)

Perspectives

Les artistes de la médecine
Dr Anna Wang

Pourquoi ai-je peint le portrait d'Anna Wang? Parce qu'il le faut!

Je l'ai peinte parce qu'elle est une personne solide comme un roc dans la tempête. Une personne fiable, qui tient parole, comme si elle était gravée dans le marbre. Elle-même semble dire que cela va de soi, elle est toujours là.

Sur la photo qu'Anna m'a donnée, elle ne porte pas sa blouse blanche de médecin, mais un gros manteau d'hiver. C'est une photo de ses vacances en Laponie, on l'y voit souriante et heureuse. C'est pourquoi il a fallu ajouter des touches de bronze aux tons bleu ciel de son portrait qui illustrent la fraîcheur d'un esprit libre et ouvert, l'horizon de sa fantaisie et de ses rêves, et de la nature qu'elle aime tant. Le bronze souligne son côté subtil et délicat. Il exprime aussi son amour des belles choses, qu'elle ne peut pas porter puisqu'elle travaille toute la journée à l'hôpital. Ses boucles d'oreilles de couleur pastel, qu'elle change tous les jours, sont la seule coquetterie qu'elle se permet. Ou parfois des chaussures à fleurs. Les poches bien remplies par l'iPhone de la clinique, les clés, les stylos et les listes de patients avec ses notes manuscrites. Elle avance toujours d'un pas alerte, mais elle est le calme incarné lorsqu'elle s'entretient avec des patients ou change leurs pansements. J'adore m'asseoir avec elle à midi. C'est une personne posée, drôle, franche, directe et agréable.

Du matin jusqu'à tard le soir, elle vit à la clinique et s'occupe de ses patients, de grands brûlés – parfois jusqu'à 80%. Elle supporte la chaleur et le taux d'humidité de la salle d'opération, plonge les mains dans l'eau pour soigner les plaies des brûlés, avec cette odeur qui transperce même le masque. Elle rédige aussi des rapports, organise la réadaptation, discute avec les proches de patients suicidaires et reste toujours, absolument toujours, calme, diplomate, factuelle, focalisée sur les solutions et empathique. Après une telle journée – alors que d'autres seraient épuisés et auraient les jambes lourdes, elle partage ses connaissances avec les sous-assistant(e)s. Ils s'empressent autour d'elle, pendant qu'Anna leur explique tout avec précision et esquisse sur papier la procédure d'opération avec une aisance telle qu'on voudrait encadrer la feuille. Mais elle oublie ses dessins comme s'ils n'en valaient pas la peine. Anna évoque en passant que l'un de ses professeurs aurait dit qu'on n'opère seulement aussi bien que l'on sait dessiner. Je l'ignorais, mais Anna a pris ses recommandations à cœur – oui, elle sait dessiner. Un dernier conseil aux étudiants avant de quitter la pièce: «Je vous encourage à commencer dans un petit établissement, c'est là que l'on apprend à assumer des responsabilités; les spécificités techniques et la politique s'apprennent ensuite dans les grands établissements.» Tout cela avec bonne humeur, légèreté et un élan inné.

Je lui ai déjà souvent demandé pourquoi elle ne voulait pas faire un autre métier. Une personnalité comme la sienne lui ouvrirait tellement de portes, si elle le voulait. Mais elle veut être médecin, elle aime la chirurgie plastique. Je lui souhaite de garder la beauté, la bonté et son humour, la perspicacité et la vision, la passion et l'énergie. Je suis heureuse de l'avoir rencontrée, et toutes celles et ceux qui ont la chance de la connaître s'estiment heureux aussi. Je lui tiens les pouces pour son avenir, car je crois en elle. Elle est une inspiration pour moi et le sera sans doute pour beaucoup d'autres. Vous serez étonnés.

Bettina Reichl, peintre et gestionnaire des hospitalisations à la clinique de chirurgie plastique de l'Hôpital universitaire de Zurich

(La version intégrale du texte [en allemand] est disponible sur www.bettinareichl.com.)

KÜNSTLER DER MEDIZIN
Prof. Dr. Nicole Lindenblatt

„Künstler der Medizin"

Nicole Lindenblatt fasziniert mich. Sie fasziniert mich nicht deshalb, weil sie Professorin ist, weil sie seit sie Assistenzärztin am USZ arbeitet und ihren Weg gegangen ist bis nun zur stellvertretenden Klinikdirektorin. „Joie de vivre" ist ihr Leben, sie lebt ihre Passion.

Plastische Chirurgie und darin, die Microchirurgie. Dafür hat ihr das USZ sogar einen Roboter in den OP gestellt, womit sie operiert und verpflanzt erfolgreich Lymphgefäße, die für das OP-Mikroskop zu klein sind - und verschafft Menschen mit ihrem Können ein lebenswerteres Leben.

Prof. Dr. Lindenblatt ist die erste weltweit.

Wie sie zu so einer Nummer wurde, das ist alles kein Zufall, schließlich ist sie jeden Morgen um 07:00 Uhr in der Klinik und ist abends, wenn die Assistenzärzte nach Hause gehen, obwohl auch sie Überstunden gemacht haben, um 21:00 Uhr oder später immer noch mit drei Flaschen Cola am Schreibtisch anzutreffen, vor ihrem Computer sitzend, schreibend.

Das ist es nicht, was mich fasziniert, schließlich ist es in vielen Betrieben so, dass der Kapitän als letztes das Boot nach dem Anlegen verlässt, wenn die Mannschaft schon beim Aperó ist, feiert oder bei der Familie zu Hause ist. Von nix kommt nix. Das, was mich an ihr fasziniert ist, dass sie dabei ein Mensch geblieben ist, in all der Härte und Professionalität eines universitären Krankenhauses nimmt sie sich Zeit für andere, für Unterassistenten, das sind noch Studenten, die ein Praktikum machen, für deren Karriereplanungsgespräch, nimmt sich Zeit, zu Patienten, die laut DRG schon Monate für ihre Zuständigkeit abgeschlossen sind und nun onkologisch, oder palliativ laufen, jeden Tag einen Besuch abzustatten, sich nach deren Wunden zu erkundigen und zudem den Verbandswechsel in der fremden Abteilung stets selbst durchzuführen, oft ohne Anwesenheit der Pflege, holt sie sich den Verbandswagen selbst und - macht es einfach. Ohne großen Wind. Sie macht, alles was ich von ihr erlebe selbst, genau, präzise, auch die Optik der Pflaster ist ihr wichtig, dass der Verband, wie jedes einzelne Pflaster geklebt ist gleichzeitig schön aussieht, steht sie da und klebt in Höchstgeschwindigkeit mit Genauigkeit mit ihrer Pinzette 20, 25 hauchdünne Steristrips, bis sie zufrieden ist. Schneidet zu, klebt und - fertig.

Sie hat zudem für alle Patienten noch ein Wort übrig, wenn sie ein Buch auf dem Nachttisch sieht, oder dass sie auch gerade italienisch lernt und wirkt wie eine Lichtgestalt.
Nicole Lindenblatt trägt unter ihrem weißen Arztkittel lange Sommerkleider, einen Jumpsuite und dazu 10 cm hohe Plateau-Wedges in Strandsandalen-Look, auch nach einer 8-Stunden-OP huscht sie wie eine Elfe fast lautlos den Gang entlang, sie schwebt.

Sie schwebt sogar, wenn sie so müde ist, die Corona-Zeit sie so angestrengt hat, dass ihr nur noch ihr abfotografiertes rosa blühendes Kirschbäumchen aus ihrem Garten als Handy-Bildschirmschoner Freude schenken mag, sie nach anstrengenden Gesprächen in Führungsgremien, mit Mitarbeitern und Patienten zusammen brechen müsste, tut sie es nicht - sie behält Haltung. Wäre sie ein Wort, ihr Wort wäre „Poise". Haltung.

Lindenblatt, ein passender Name, den ich wunderschön finde, das Blatt einer Linde hat die Form eines Herzens, die Rinde samtglatt, das Holz weich und zäh, die Struktur hell, fein und dicht und - die Linde steht aufrecht. Sehr bezeichnend. Ihre Familie züchtete in der Vergangenheit in Ostpreußen Pferde und sie hat sich ihre Sporen in Zürich verdient und lebt hier als Künstlerin, indem sie verunfallten Patienten mit verbrannten Nasen aus Ohrmuschelknorpel wieder symmetrische Nasenflügel zaubert, die vor Rührung weinen und nicht nur die OPs durchführt, sondern auch persönlich den Schriftverkehr mit Ärzten der Krankenkassen führt. Ich habe ein Wiedererwägungsgesuch an eine Krankenkasse

BETTINA REICHL
federleicht
POESIE & POETRY

WWW.BETTINAREICHL.COM

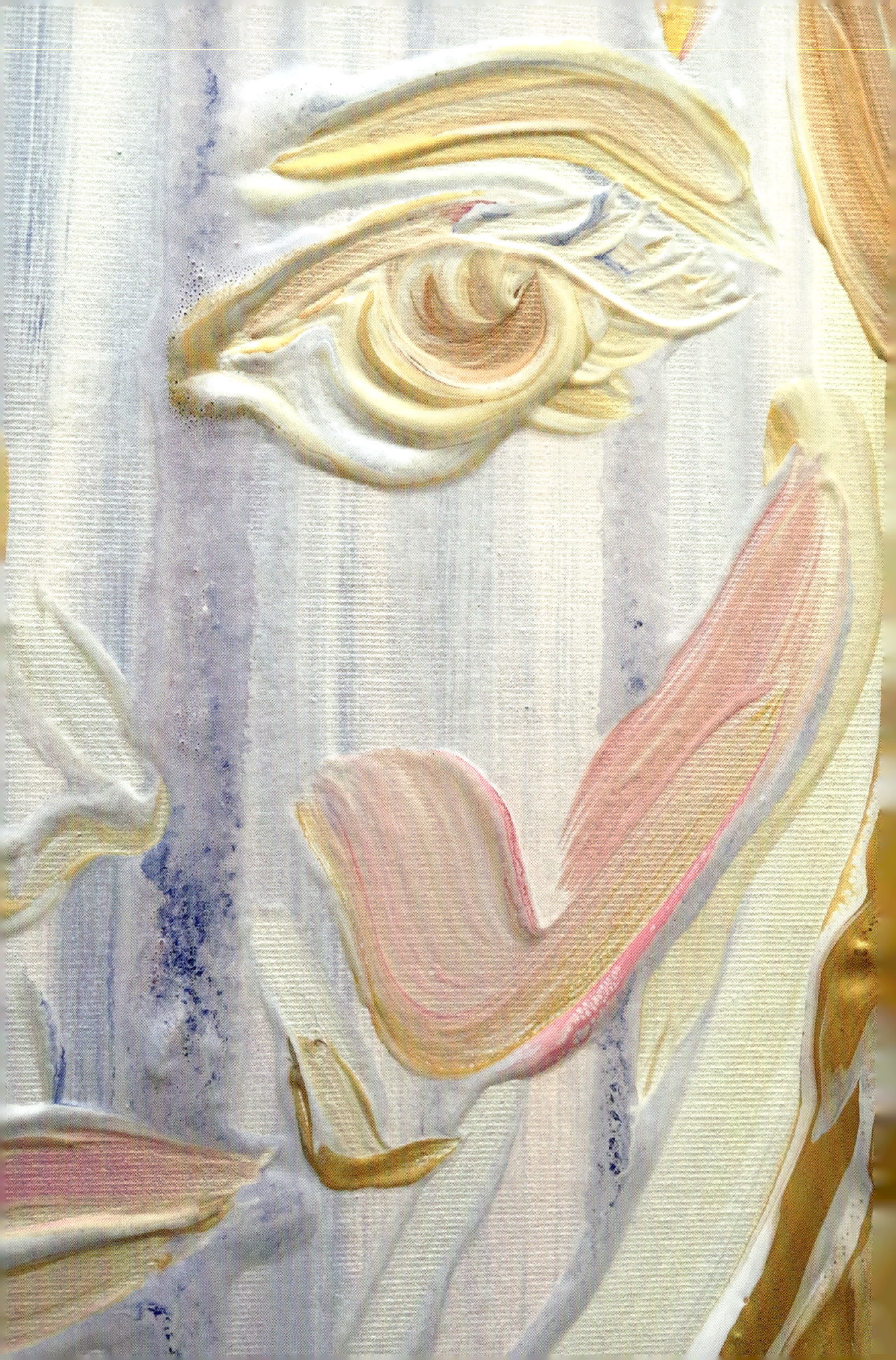

BETTINA REICHL
federleicht
POESIE & POETRY

„Künstler der Medizin" - Prof. Dr. Nicole Lindenblatt
100 CM X 120 CM

KÜNSTLER DER MEDIZIN
DR. MARCO GUIDI

Künstler der Medizin.

Wie jede Ausgabe soll ich nun beschreiben, weshalb ich ausgerechnet jene Person gemalt habe.
Diese Person ist Marco Guidi.

Dr. med. Marco Guidi ist Handchirurg und Orthopäde im Universitätsspital Zürich. Dafür recherchiert er morgens um 05:00 Uhr, verbringt seinen Urlaub damit, an Artikeln zu schreiben, manchmal auch nachts und von 06:00 Uhr bis abends ist er ohnehin als Oberarzt in der Klinik tätig.

Seine Kollegen nennen ihn auch MacGyver, wenn er mit einem Kästchen voll Kabelbinder von seinen Ideen erzählt, dass er eine tolle Sache, eine „Modifiied Suzuki Technique with Calble-Ties for Unstable Fracture-Dislocattions for Proximal Interphalangeal Joint" gemacht hat - und strahlt.

Seine Augen leuchten und er sprüht vor Begeisterung und Freude.
Sonst ist er sehr blass, weil er immer in der Klinik ist oder zu Hause schreibt.

Er ist Italiener, sollte um den schöner Italiener-Stereotyp zu erfüllen braun gebrannt sein und gold leuchten, doch da er seine Tage nicht an der Sonne verbringt, sondern unter Tage im fensterlosen OP, in der fensterlosen Sprechstunde mit Patienten und im Büro mit seiner Forschung und Bücher, hat sich das für mich schon damals faszinierende Phänomen wiederholt, dass binnen der ersten Wochen nach Amtsantritt als Präsident Barack Obama seine schwarzen Haare ihre Farbpigmente verloren und vor der Welt ergraute, beobachteten die Mitarbeiter dies auch bei Marco Guidi, der sich im Sommer 2019 in einen Silberfuchs verwandelte.

Die Statur und das Fleisch komprimierte sich um seine Knochen zu einem Marathonläufer. Seine in Wirklichkeit sehr breiten, kantigen Wangenknochen, die einem Geo-Dreieck lehren, was ein 90-Grad-Winkel ist, habe ich ihm auf dem Portrait verjüngt und allen Fokus auf die Augen gelegt, die ruhig und wach sind, gut und gross, deren Blick weit ist und den Mensch ganz sehen, die Patienten mit guter Stimmung und einer lockeren Art beruhigen, die alles erklären und die ganze Situation mit aufsaugen, was diese Person in diesem Moment braucht und sei es ein Scherz und die Stimmung in eine produktive, lösungsorientierte Atmosphäre wandeln.

Er hinterlässt Eindruck durch seine souveräne Art und scheint durch die Gänge zu fliegen, schafft es, bei allen Patienten, die ich kenne, stets eine bleibende Impression zu konservieren, dass sie sich seinen Namen merken.

Da das Zusammentüfteln komplizierter Verletzungen und diese in eine nicht nur funktionierende Hand, sondern ein möglichst schönes, ästhetisches Ergebnis ihn glücklich macht, ist er für mich ein „Künstler der Medizin".

Selbst ist er viel zu bescheiden, viel zu ruhig, viel zu elegant im Hintergrund. Deshalb zerre ich ihn hiermit hervor, wie in einem Klassenfoto, wo sich genau der, den man in 10, 20, 30 Jahren noch gerne sehen möchte, weil man sich hell, warm und lachend an ihn erinnert und mit ihm viel gearbeitet hat - wenn man sich schon längst im Leben sowohl situativ, als auch örtlich an einem völlig anderen Ort befindet.

Deshalb malte ich ihn für meine Serie für alle, die mit ihm gearbeitet haben und noch mit ihm arbeiten dürfen, für Patienten und seine sicher stolze Familie.

Als einen der „Künstler der Medizin".

Er ist so unkompliziert und sprach ein paar Wochen, bevor ich ihn kennengelernt hatte, noch nicht gut deutsch. Als er die Stelle als Oberarzt antrat sollte sich dies in Kürze ändern. Jetzt spricht er bereits so schön, dass er Grammatikunterricht geben könnte - ja, deutsch hat er

UNGEKÜRZER TEXT ZUM VSAO - JOURNAL NR. 3 JUNI 2021
KULTUR - JAHRESSERIE

BETTINA REICHL
federleicht

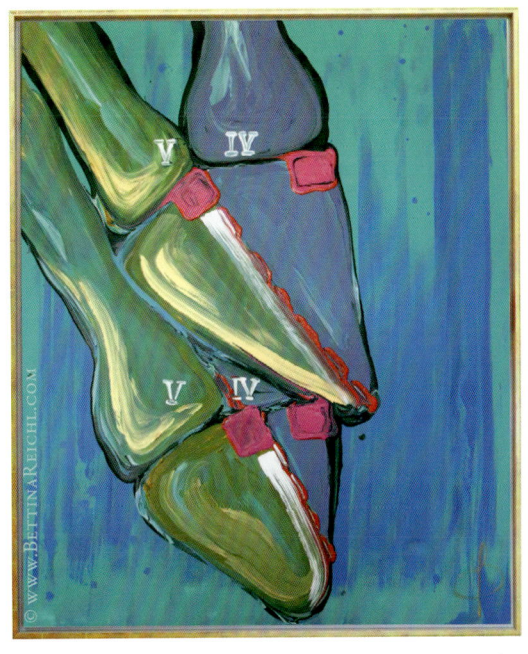

„Die Osteotomie des Os hamatum für die Resektion des 4. Strahls"
100 cm x 120 cm

nebenbei auch noch gelernt, Stunden genommen und zählt es als weitere fließende Sprache zu italienisch, seiner Muttersprache, spanisch, französisch und ich glaube portugiesisch und englisch. Latein - selbstredend.

Er bat mich für einen Artikel, den er über die Operationstechnik eines früheren Professors schreibt, eine anatomische Zeichnung zur Veranschaulichung der Leser zu erstellen. Er gab mir einen weißen DIN A 3 - Druck - Knochen aus Plastik in die Hand, freute ich mich auf die schöne Beschäftigung, statt auf Leinwand wieder einmal wie früher mit dem Zeichenblock in meiner Wohnung zu sitzen.

Am Feierabend des selben Tages kaufte ich mir hierfür Aquarellfarben, Block und Pinsel, Tusche und Stifte und meinte, ich fliege mit diesen wunderbaren Gegenständen, die mein Herz zum singen bringen und der Aussicht, Zeichnungen aus meinem Berufsleben zu verbinden mit meiner Passion und diese professionell anzufertigen. Wunderschön würden sie, das sah ich schon vor meinem inneren Auge und plastisch dargestellt wollte ich sie, gleichzeitig als Kunst, die ansehbar bleibt und der die Zeit gütig ist.

So freute ich mich auf das Malen des Knochens in meiner Handtasche, der heute aufgrund dieser Freude in meiner Schmuckschale mit einer Feder dekoriert liegt.
Noch nachts malte ich Variationen, dass ich auch die OP-Methode richtig verstehe auf meinem französischen Gartentischchen in meiner Wohnung in Zürich und zeigte ihm am nächsten Tag die Blätter.

UNGEKÜRZER TEXT ZUM VSAO - JOURNAL NR. 3 JUNI 2021
KULTUR - JAHRESSERIE

BETTINA REICHL
federleicht

Er war überrascht, wenn er auch wollte, dass ich ein Computerprogramm benutze, das er mir sendete und prophezeite, dass ich damit meinen Lebensunterhalt verdienen könne.

Er schickte mir eine weitere OP-Methode, die ich ihm malen sollte. Am frühen Sonntagmorgen, dessen Nacht ich statt zu schlafen die Knochen und die Schnittführung malte, war ich nach 05:00 Uhr fertig und sendete ihm die Bilder um 06:00 Uhr abfotografiert, ob ich es so richtig verstanden hatte, es dem Leser plausibel sei und welche Version, welche Farben ihm am besten gefielen, um mich daraufhin endlich ins Bett zu legen und mir statt Nachtruhe ein Schläfchen bei Morgensonne zu gönnen.

Es war soweit erledigt. Nächste Woche würden wir uns wieder sehen, dann würde er mir sagen, ob es den Sinn erfüllt. Zu meiner Überraschung antwortete er sofort und schrieb, dass sie ihm gefallen würden und er sie so verwenden wolle. Um 06.00 Uhr war er folglich schon am Sonntag am Schreibtisch und arbeitete an seiner Forschung, schrieb seine Artikel und bereitet sich auf die OPs der kommenden Woche vor. - Für ihn ist die Handchirurgie, was für mich das Malen ist. Sonst ist man am Sonntag um 06:00 Uhr früh nicht schon Stunden lang wach, sondern im Bett, wie alle normalen Menschen, die es richtig machen.

Künstler kennen keine Zeit. Sie sind auch früh morgens, oder nachts wach und kennen das Verlangen, zu einer Zeit, in der andere ruhen, um jenes zu tun, die uns bleibt vom Tag und der Woche - das zu sein, was wir sind, weil das Glück der Inspiration nicht warten kann und gar das Verlangen des Schlafs in die Schranken weist. Diese Motivation, sie umgibt Menschen mit einem hellen Schein, auch wenn sie müde sind, hängt noch etwas von dem ruhigen Licht um die Person, wie silber-wehende Fetzen - fühlbar.

Dies verbindet meine portraitierten „Künstler der Medizin".

Marco Guidi war von den Zeichnungen so begeistert, dass er diese als fertiges Bild für den Artikel verstand, doch als ich ihm mitteilte, es sei nur die Übung, weil ich es auf Leinwand malen würde, reagierte er verhalten, um nicht zu sagen, ablehnend. Ich versicherte mich dennoch, dass ich alles richtig verstanden hatte, was bei der OP-Methode hervorzuheben war und - malte die Knochen, auf meine Art. Auf Leinwand im Format 100 cm x 120 cm. Es gefiel ihm. So etwas habe er noch nicht gesehen, eine OP als Gemälde darzustellen. Auch den Professor, der diese OP-Methode erfand und einer seiner Lehrer war, sei gut getroffen. Es ist meine Art des „Anatomic Paintings" und es macht mir riesig Spass.

Marco Guidi ist ruhig und so angenehm, erklärt jedem Patienten genau, was im OP gemacht wird, dass sogar der Patient eifrig konzentriert dabei ist, als handle es sich um ihr gemeinsames Projekt und beide erfreuen sich daran, der Arzt und der Patient, kennen jeden Schritt und bauen nicht nur im Vorfeld eine gute Beziehung auf, sondern es erscheint als freudige Aktivität, dessen Ausgang man zuversichtlich entgegen blickt, ein gemeinsamer Weg.

Dies empfinde ich als eine sehr schöne Art, als einen toller Umgang.
Nach der OP zeigt Marco Guidi jedem Patienten die Röntgenbilder, die OP- Fotografien und erklärt Schritt für Schritt genau, was gemacht wurde. Der Patient ist fasziniert, was alles möglich ist und wertschätzt seine Handwerkskunst, seine operierte Hand als Schmuckstück, als brüten zwei versunken in ihrer Welt über einem Bastelkasten oder einer Märklin-Eisenbahn an Weihnachten. Diese Art, diese funkelnde Stimmung zu erzeugen, ist auch Art - Kunst.

BETTINA REICHL
federleicht
POESIE & POETRY

„Künstler der Medizin" - Dr. Marco Guidi
100 cm x 120 cm

KÜNSTLER DER MEDIZIN
DR. DIDIER SCHNEITER

Künstler der Medizin.

Als ich in der Kantine aß, tippte mich ein Unterassistent aufgeregt an und wies mich auf einen Arzt hin: „Schau mal den an! Der sieht aus wie ein Filmstar!"
„Aha. Und aus welchem Film?" frage ich nach.
Der Unterassistent antwortet fast ehrfürchtig: „Aus einem Gefängnisfilm."

Als ich diesen besagten Arzt nach einigen Wochen wieder in der Kantine sah, blieb ich stehen und setzte ihn darüber in Kenntnis, dass mich ein Unterassistent unserer Klinik auf hin hinwies und finde, er sehe aus wie ein Filmstar. Der Arzt freute sich und als ich unaufgefordert ergänzte „aus einem Gefängnisfilm", brach er in lautes Lachen aus.

Daraufhin aßen mir gemeinsam zu Mittag in der Kantine. Wir unterhielten uns gut, seine Frau ist auch Malerin und das finde ich natürlich sehr sympathisch und lud die beiden zu meiner Vernissage ein, die ein paar Tage später stattfand.

An diesem Tag hatte Dr. Schneiter eine lange Sitzung bis fast 20:00 Uhr. Der Manager meiner Vernissage gab mir ein Zeitfenster vor: Anfang 18:00 Uhr. Ende 20:00 Uhr. Didier kam zwei Minuten nach 20:00 Uhr herein und ich freute mich sehr, dass er es noch geschafft hatte und sich Zeit dafür nahm.
Ich begrüßte ihn und wollte ihm einen Sekt holen, wie ihn alle Besucher erhielten und der Manager verbot seiner Bedienung mir noch ein Glas Sekt aus der angebrochenen Flasche auszuschenken, um es meinem Gast zu geben. Die Bedienung sah mich entschuldigend an, dass sie der Anweisung ihres Chefs zu folgen habe.
Ich informierte den Manager, dass Herr Dr. Didier Schneiter von einer sehr wichtigen Sitzung extra noch gekommen sei. Der Manager des Ausstellungsortes blieb nun bereits drei Minuten nach 20:00 Uhr bei seiner Machtdemonstration, so dass Dr. Schneiter mein extremes Unbehagen spürte, da er neben mir stand und auch die hilflose Scham der Bedienung wahrnahm, die ihm kein Glas mehr geben durfte.

Er reagierte so souverän und lässig und sagte nach seinem wohl 12-Stunden-Arbeitstag ganz locker, er nehme auch gerne ein Wasser.

Nur wenige Situationen waren mir so unangenehm wie diese.

Ich führe diese Sequenz deshalb auf, da sie sehr gut zeigt, weshalb ich Herrn Dr. Didier Schneiter, Vertreter im Vorstand der schweizerischen Gesellschaft für Pneumologie, leitender Arzt für Thoraxchirurgie am UniversitätsSpital Zürich, gemalt habe. - Weil es so ist, wie er ist. Er lässt sich nichts heraus hängen. Er bleibt elegant.
Das Behagen anderer steht bei ihm an oberster Stelle.

Momentan illustriere ich gerade ein Kinderbuch, in dem es um das Pilzesammeln geht und Tiere den besten Ort verraten, wo man welche Art findet. Dem Autor der Geschichte malte ich meinen Opa, der es liebte, mit Rexl, seinem Dackel „zum Schwammerlsuchen" zu gehen. Mein Opa war ihm „zu alt" und er stellte sich für seine Geschichte „einen Jüngeren" vor. Ich fotografierte ihm das Portrait von Dr. Schneiter ab, ob er eher an so eine Person dachte. Ja, genau dieser Protagonist fand seinen Zuspruch. Als ich darauf Dr. Schneiter fragte, ob er einverstanden sei, ob ich ihn als Pilzsammler für ein Kinderbuch verwenden dürfe, antwortete er spontan: „Ja, ich mag auch Pilze suchen gehen." So wunderbar ist er. So angenehm.

Er ist ein Mensch ohne Allüren, ohne es nötig zu haben und rettete mich auf meiner eigenen Vernissage, indem er bei dieser Ego-Demonstration des Managers cool reagierte und ihm keine Energie schenkte.

Das macht ihn zum Star. Die Filmindustrie hat ihn bisher noch nicht der Medizin abgeworben. Solange geht er noch im Universitätsspital Zürich die Gänge entlang und hinterläßt einen tiefen Eindruck bei Unterassistenten und fachlich bei seinen Kollegen sowie gleichzeitig menschlich bei seinem Patienten.

UNGEKÜRZTER TEXT ZUM VSAO - JOURNAL NR. 4 AUGUST 2021
KULTUR - JAHRESSERIE

BETTINA REICHL
federleicht

„Künstler der Medizin" - Dr. Didier Schneiter
100 cm x 120 cm

Seine Farbe ist blau, marineblau. Seine Augen himmelblau. Seine haselnussbraunen Haare mit Pomade nach hinten gekämmt. Seine Haut braungebrannt, mandelfarben. Sein Dreitagebart mit ein paar grauen Stoppeln durchzogen. Sein Auftritt mit folgender Kleidung ausgestattet: OP – Kleidung blattgrün, Arztkittel, flatternd schneeweiss.

Das ist der Künstler der Medizin, Dr. Didier Schneiter. Schweizer. Hauptdarsteller. Bei seinen Kollegen der Plastischen Chirurgie und Handchirurgie geschätzt als „ein exzellenter Chirurg".

KÜNSTLER DER MEDIZIN
EVA BREUER

Künstler der Medizin.

Ich bin von hochintressanten Menschen umgeben. Das genieße ich sehr. Für meine Serie „Künstler der Medizin" widme ich daher Eva Breuer ein Portrait.
Ihre Farbe ist rot und vital orange.
Sie brennt vor Energie und Leben.
Sie ist Assistenzärztin im Team der Visceralchirurgie. Ich lernte sie kennen, da sie die Einflüsse des Malens auf das Befinden von Patienten erforscht, die eine chirurgische Operation erwarten. Das finde ich natürlich toll.
Wie ich schon selbst im Zusammenhang mit Musik beobachten durfte, dass Frühgeborene, die Mozart hörten, weniger Sauerstoffsättigungsabfälle haben und viel stabilere Vitalzeichen als mit Radioprogramm, dem sie sonst zusammen mit dem Gepiepse der unzähligen Geräte in einer Neonatologie-Station ausgesetzt sind.
Ich erlebe an mir selbst die Einflüsse von Kunst, die sowohl beruhigenden Einfluss auf das Unterbewusstsein haben kann sowie auch einen verstörenden. Dazu zähle ich auch die Bilder am Spitalgang, die Farben der Vorhänge, der Bettwäsche, der Einrichtung. Besonders in einem Krankenhaus in dem sich die Patienten in einer verletzlichen, vorübergehend eingeschränkt selbstbestimmten Phase befinden. Da bin ich sehr sensibel. Sie liegen in einem Zimmer mit anderen Patienten, erhalten Verbandswechsel, vorgegebene Essenszeiten, geplante und spontane Operationen und Untersuchungen, Besuche und Visiten, ein stetiges Eindringen in ihr Zimmer. Welches Maß an Flexibilität sie dabei aufbringen, um den Krankenhausaufenthalt als nicht konstant angespannt zu erleben, ist enorm.
Kunst eröffnet einen Zugang eine Situation auch noch zur körperlichen Ebene auf der anderen Gefühlsebene zu erleben, die ich für sehr wichtig halte.
Kunst hat eine Macht - eine Macht ein Gefühl hervorzurufen - jedes ist erlaubt. Es geht um das Fühlen, um das Erleben und das finde ich spannend. Das man an sich selbst wahrnimmt, welches Gefühl ausgelöst wird.

Es löst etwas aus, eine Spannung, es löst etwas, eine Anspannung und führt zu einer Bewegung im Inneren, zu einer Erkenntnis in sich selbst. Gut gewählt hat Kunst im Krankenhaus auch das Potential zur Entspannung.

Daher bin ich sehr gespannt, zu welchen Ergebnissen Frau Breuer kommt. Kunst im Zusammenhang mit Chirurgie – hier treffen sich zwei starke Disziplinen.
Eine Verbindung dieser beiden hat das Potential für – ein enormes Ausmaß.

Diese Bewegung begrüße ich, ich sehe sie als offene Sicht, die Krankenhäuser verändert, die Farben, die Gänge, die Patientenzimmer, die Aufbereitung der Informationsbroschüren, dem gesamten Umfeld, mit denen ein Patient konfrontiert wird. Täglich habe ich dazu viele Eindrücke und Ideen für Verbesserungen.

Wenn wissenschaftlich aufgezeigt wird, dass dieser Effekt von Kunst positive Auswirkungen für die Genesung der Patienten eine nachweisbare Wirkung belegt, sich somit „auszahlt", freue ich mich auf eine Zukunft, die ganzheitlich ist und den Menschen sieht in allen seinen „Farben".
„I see you colors." Das Farbenspiel, wie ein Liebender sich öffnet und die Vielschichtigkeit des Menschen schafft, seine Komplexität im Ganzen zu erkennen.
Hierfür ist die Medizin eine der WUNDER – vollsten Bereiche, da sie so nah am Menschen ist.

In einem Krankenhaus haben wir die Chance, diesen im Kleinen und Großen zu begegnen, täglich. Dies macht das Arbeiten mit Menschen so schön. Ich genieße den Kontakt mit den Menschen im Krankenhaus, ob Patient und Personal, hier gibt es viel Potential für Schönes. Ich bin dankbar, dass ich das sehe.

Ich werde diese Entwicklung der Forschung weiterverfolgen.

UNGEKÜRZTER TEXT ZUM VSAO - JOURNAL NR. 5 OKTOBER 2021
KULTUR - JAHRESSERIE

BETTINA REICHL©
federleicht

Eine offene Person erforscht Medizin in Verbindung mit Kunst, Eva Breuer, eine Revolutionärin. Ein weiter Blick, sie lässt sich darauf ein. Schon für ihre Abiturabschlussarbeit wurde ihr ein Thema mit Farben zugewiesen, sagt sie, es ist etwas, das immer wieder zu ihr kommt.

Frau Breuer hat sich diese offene Sicht in der Medizin bewahrt. So erklärt es sich für mich, dass auch nun in ihrem Tun als Ärztin ein Thema mit Kunst sie gefunden hat.

Sie kommt aus Einsiedeln, wo meine Großeltern, die Schneiderin Franziska Stark und der seinen Wald liebende Spätheimkehrer Karl Reichl ohne ihre Eltern, Freunde und Verwandte mit einer Busreise aus Saal an der Donau am 01. Mai von Bayern in die Schweiz gefahren sind und in der Klosterkirche getraut wurden.

Fremde Busreisende waren ihre Trauzeugen.

50 Jahre später organisierte meine Familie einen Reisebus, in den sie alle Freunde, Nachbarn und wir als Enkelkinder einluden um die goldene Hochzeit mit ihnen genau dort zu feiern, erstmals mit all ihren Lieben. Meine Oma bekam einen Brautstrauß, mein Opa eine passende Ansteckblume und der Abt sprach von dem Hochzeitspaar, dass sich vor einem halben Jahrhundert als junges Brautpaar hier das Ja-Wort gab. Ich weiß noch, dass ich Gänsehaut hatte, so rührte mich seine Predigt, in die er die Geschichte meiner Großeltern für die Kirchengemeinde eingepflegt hatte. Die Stimmung in der von Pilgern vollen Asamkirche am 01. Mai war so festlich. Im Anschluss aßen wir im „Roten Hut" und meine Oma verriet meiner Mutter, dass sie auch vor 50 Jahren dort nach der Trauung zu Mittag gegessen hatten.

Ich nehme Einsiedeln als kraftvollen Ort wahr, ein Ort zum Atmen. Dort besuchte Eva Breuer das Gymnasium und spielte Laientheater. Sie bekleidete bisher zweimal eine Rolle im Welttheater. Eine Rolle als Teil einer Kultur des Ortes, der Schweiz, in der Welt.

Sie hat ihren Platz bereits eingenommen als heimatverbundene Frau, die mit beiden Beinen am Boden steht, als wissenschaftliche Forscherin, als Ärztin im Universitätsspital Zürich.

Sie liebt es mit Menschen zu arbeiten und für die Menschen zu forschen, beides findet sie „gleich wichtig" und sie „glaube daran". „Ich verstehe Forschung so, wenn wir als Menschheit weiterkommen, dass wir Therapien weiterbringen, hilft das Wissen ein kleines bisschen weiter."

Und so jemanden treffe ich in der Cafeteria, trinke einen Kaffee und reden, dass wir erst beide letzte Woche in Einsiedeln eine Kerze für jemanden angezündet haben. Wie schön ist das. Sie nannte ein Wort, das „Synästhesie" heißt. Ich wusste nicht, dass es ein Wort dafür gibt, dass ich die Menschen in Farben sehe, auch sie sieht die Farben. Ich bin davon überzeugt, dass dies ganz natürlich ist und in jedem Menschen vorhanden ist, denn wen auch immer ich nach ihrer oder seiner Farbe frage, ob den stellvertretenden Klinikdirektor, oder ein dreijähriges Kind, alle können mir aus dem Stegreif ihre Farbe nennen.

Es gibt noch viel Potential zum Forschen, viele Themen und es ist herrlich, dass die Zeit nun da ist, wo der Einfluss von Kunst auf das Gemüt nun genauer erforscht wird mit Auswirkungen auf Heilung, Genesung, Befinden, Wohlbefinden.

Es ist so weit.

Herrlich!

Dazu ist es gut, dass Eva Breuer rot und orange ist.

Dass sie brennt für Ihre Sache.

Hochspannend.

Ich freue mich auf die Zukunft.

BETTINA REICHL
federleicht
POESIE & POETRY

„Künstler der Medizin" - Eva Breuer
100 cm x 120 cm

„Künstler der Medizin"
Dr. Bernward Gall
100 cm x 120 cm

KÜNSTLER DER MEDIZIN
DR. ANNA WANG

„Künstler der Medizin"

Weshalb ich Anna Wang gemalt habe - weil man sie malen muss. Sie ist eine junge Fachärztin, Assistenzärztin und gleichzeitig spielt sie ganz oben mit, ist die Präsidentin des VSAO Zürich, des Verbandes schweizerischer Assistenz- und Oberärztinnen und - ärzte. In der französischsprachigen Schweiz ASMAC genannt. Es ist, gäbe es in der Medizin die Bezeichnung, die Gewerkschaft der Ärzte. Die verhandelt über Arbeitszeiten, Rahmenbedingungen, Mutterschutz - und Geld.

Das sind ihre Themen, in denen sie im Spielfeld von alten Hasen den Rasen betritt, als gehöre ihr auch der Wald neben der Wiese. Ihre Stärke ist, dass sie vorbereitet ist, dass sie besonnen reagiert, auch in einem Raum, der vorwiegend von Männern bestückt ist, Führungsriege, Egos, egal welche Situation, bildlich, vor welcher Katastrophe sie auch steht, ob im Notfall, wenn sie Dienst hat, sowie am langen Tisch des Besprechungszimmers eines CEO.

Ich habe sie ausgewählt und gemalt, weil sie ein Mensch ist.

Weil Anna Wang wie ein Fels in der Brandung steht. Ein Mensch, der verlässlich ist, zu ihrem Wort steht, als sei es in Stein gemeisselt. Selbst lebt sie dies ganz still vor, sie ist immer da. Sie liebt es zu wandern und auch die Kunst.

Das zeigt sich schon, dass sie mir kein Foto gab, auf dem sie im Arztkittel zu sehen war, sondern eines im dicken Wintermantel aus ihren Ferien in Lappland, strahlend und glücklich. Deshalb mussten zu den himmelblauen Tönen ihres Portraits, die für die freigeistige Frische, die Weite des Denkens, den Horizont der Phantasie ihrer Träume und der Natur, die sie liebt, auch das Bronze für ihre feine und feinsinnige Seite zum Tragen kommen. Es sollte ihre Liebe für schöne Dinge zum Ausdruck bringen, die sie eigentlich nicht tragen kann, da sie den ganzen Tag im Krankenhaus ist. Ihre täglich wechselnden pastellfarbenen Ohrringe, das einzig Schöne, das sie sich erlaubt. Manchmal noch Schuhe mit Blumen. Die Taschen, vollgestopft mit dem klinikeigenen iPhone, vielmehr zur Fotodokumentation der Wundheilung, Schlüssel, Stifte und Patientenlisten mit handschriftlichen Notizen. Immer schnellen Schrittes unterwegs, doch die Ruhe in Person im Gespräch und bei Verbandswechsel mit den Patienten. Mittags ist es herrlich mit ihr zusammen zu sitzen. Sie ist ruhig, lustig, ehrlich, direkt und angenehm. Ihre herzliche Frische weht seit ihrer Wahl als VSAO-Präsidentin nun auch in so manchem Verhandlungssaal in der Schweiz -

das ist die Hoffnung in Person. Die Bewegung. Die Veränderung.

Von früh morgens bis spät abends lebt sie in der Klinik, sie schwitzt im Verbrennungs-OP bei hohen Temperaturen und Luftfeuchtigkeit. Sie kümmert sich um die ihr anvertrauten Patienten, die bis 80% verbrannt sind und steht mit beiden Händen im Verbrennungsbad, riecht den Geruch, der alles durchdringt, auch den Mundschutz. Im Hintergrund schreibt sie Berichte, führt Angehörigengespräche von Patienten, die sich das Leben nehmen wollten und bleibt immer - ja, immer ruhig, diplomatisch, sachlich, lösungsorientiert und einfühlsam. Nach einem solchem Tag teilt sie im Gespräch mit Medizinstudenten ihre Erfahrungen. Diese scharen sich eifrig um sie in der Cafeteria und lauschen ihren Berichten zum Klinikalltag. Sie erklärt alles ganz genau und zeichnet mit einer Leichtigkeit die Nahtführung, die OP- Vorgehensweise auf ein Stück Papier, so schön, dass ich sie einrahmen möchte. Sie ließ die Zeichnungen jedoch liegen, als wäre das nicht der Rede wert. Sie meinte beiläufig, dass ein Professor einmal gesagt hätte, man operiere nur so gut, wie man malen könne. Ich habe dies bisher noch nicht gewusst, sie hat es demnach beherzt und sie, oh ja - kann malen. Dazwischen noch ein Tipp für den „Common Trunk" zu den Studenten bevor sie den Raum verlässt: „Ich empfehle, in einem kleinen Haus zu beginnen, da lernt man Verantwortung zu übernehmen, das Fachspezifische und die Politik lernt man in

UNGEKÜRZTER TEXT ZUM VSAO - JOURNAL NR. 6 DEZEMBER 2021
KULTUR - JAHRESSERIE

BETTINA REICHL
federleicht

„Künstler der Medizin" - Dr. Anna Wang
100 cm x 120 cm

einem großen Haus." All dies mit einer Fröhlichkeit, einer Leichtigkeit und einem intrinsischen Elan.

Ich habe sie schon oft gefragt, welche andere Arbeit ihr auch noch Spaß machen würde. Ihre Persönlichkeit hält ihr so viel offen - wenn sie wollte - doch sie will Ärztin sein, sie liebt die Plastische Chirurgie. Ich wünsche ihr, dass sie das Schöne behält, die Güte und ihren Humor, die Durchsicht und den Weitblick, die Passion und die Energie. Ich freue mich sie getroffen zu haben und jeder, der das von sich behaupten darf, kann sich glücklich schätzen und ich drücke ihr die Daumen für ihren Weg, denn ich glaube fest an sie.

Sie ist eine Inspiration - für mich und wird es noch für viele sein.
Ihr werdet noch staunen.

THE LION

Do not fight the Lion,
who knows best:
It's time to rest,
its's time to eat,
it's time to drink,
enjoy a walk,
to get inspired by a talk
and love your boy,
to write again with joy.
To fill your paper with new knowledge
so more people learn in college
what you figured out today.
The sky is your limit,
you get your title in this clinic,
a street named after you,
so write it down your view,
that might be your breakthrough.

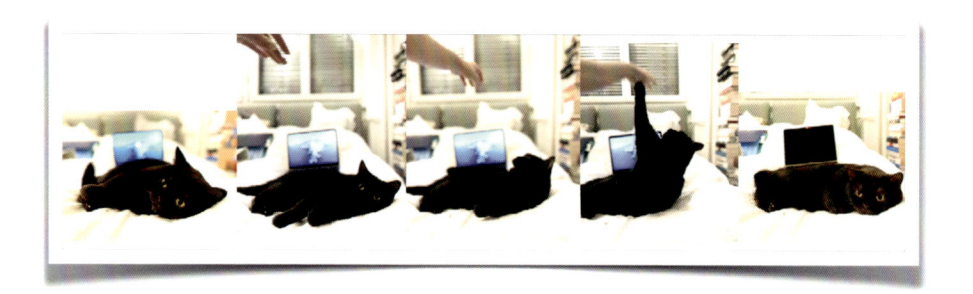

BETTINA REICHL
federleicht
POESIE & POETRY

„Leon"
100 CM X 120 CM

Foto: Dr. Anna Wang, Präsidentin VSAO Zürich

WELTPREMIERE
2022
DER SERIE
„KÜNSTLER DER MEDIZIN"
IM „ZUNFTHAUS ZUM MEISEN"
IN ZÜRICH

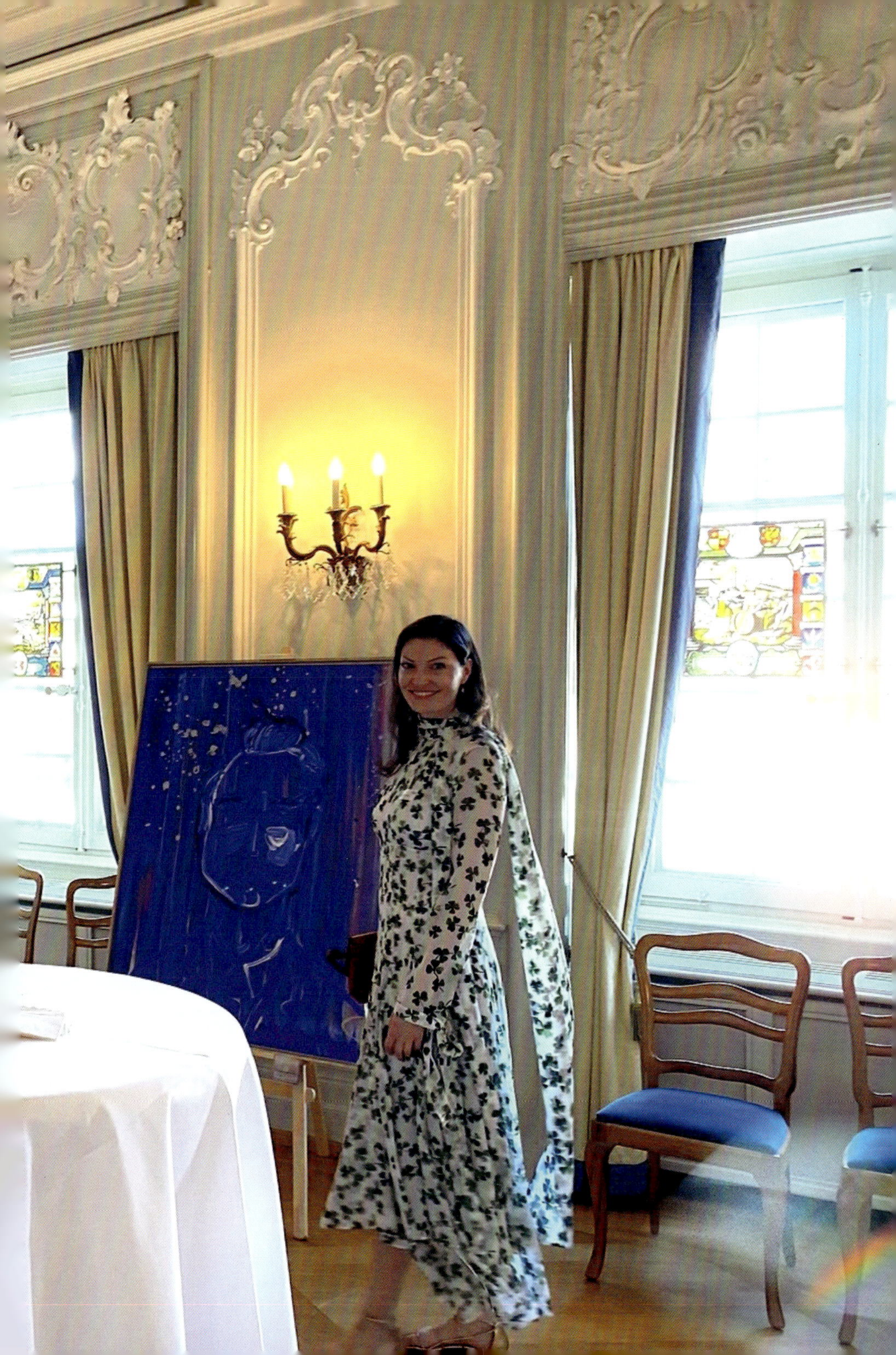

MALE DEINEN SCHWAN - PAINT YOUR SWAN

BETTINA REICHL
federleicht
POESIE & POETRY

„Irmgard"
100 CM X 120 CM

BETTINA REICHL
federleicht
POESIE & POETRY

DIE POESIE

Die Welt braucht Gedichte,
so nötig wie Gerichte zum Essen,
wie Nahrung zu fassen,
wegen dem Schmerz,
der kommt aus dem Herz,
Gefühle im Körper,
nicht fassbar mit Wörter,
nur annähernd in Reimen,
als Poesie,
die keimen,
in Adern, die man nicht kennt,
in Venen noch nicht benennt,
in Zellen, von denen niemand weiß,
die man nur spürt,
kälter als Eis,
heißer als heiß,
der Schmerz, die Freude, das Glück,
all dies, ist es auch nur ein Stück,
spürt man die Poesie,
die nie schrie,
die weint,
die stumm
die Stellen kennt,
im Körper,
die nichts haben zu tun mit Anatomie.
Noch nie.
Nie werden.
Geschützt vor jeglicher Untersuchung,
bewahrt vor jeglicher Obduktion,
sie sind uns eigen,
unantastbar
und heilig,
wie das Gefühl bei der heiligen Kommunion,
die man nicht begreift,
versucht die Poesie,
mit Worten, die es nicht gibt,
zwischen den Zeilen in der Stille des Atems,
die Tiefe zu erraten,
erahnen,
nie erreicht.
Nicht mal leicht.
Hauptsache nicht seicht.
Die Poesie es vermag,
alles ergreift,
ohne es gesagt.

Was vermag
der Schmerz,
die Freude,
die Liebe,
das Glück,
die Trauer,
die Schuld,
die Geduld,
die Unschuld,
die Ruhe,
die Lust,
all das, der Frust,
das Gedicht,
das sticht
in den Ort,
des Moments,
sonst ist er fort.
Wie ein Hauch.
Ein Wind.
Eine Frische,
die es trifft,
das Gefühlte,
das Gift,
das Schöne,
die Rührung sind die Löhne
für all das,
was nicht gesagt,
als Reim
gefühlt,
allein.

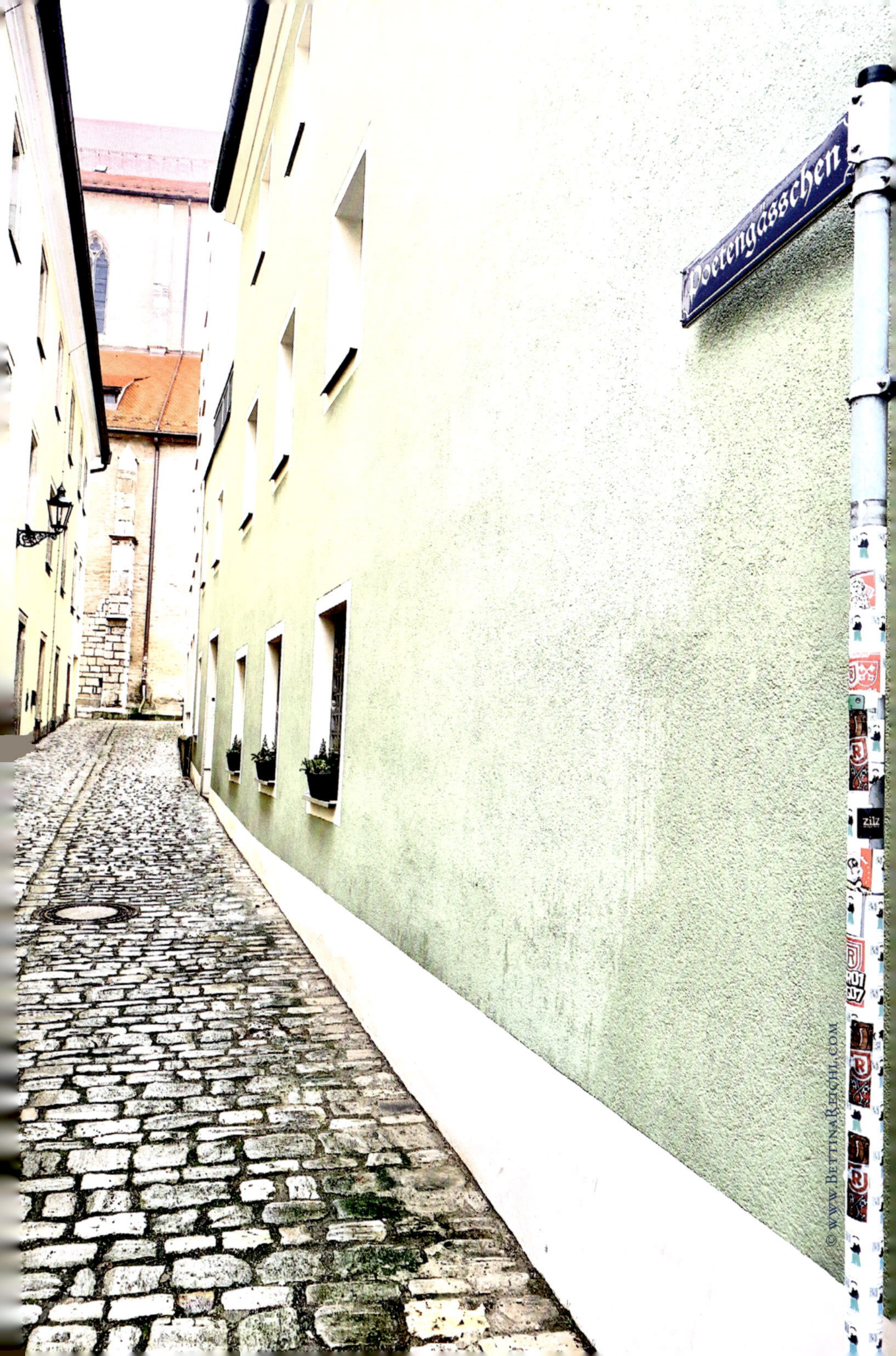
Poetengässchen
© www.BettinaReichl.com

A TRIBUTE TO MY FAVORITE POET

A tribute to my favorite poet,
who writes not only what she feels,
she has a voice.
Worth to be heard.
For sure the melody is nice,
I love her words,
she conveys
by choice.
Like that she has a power,
nobody can resist to hear,
listen to the emotion-shower.
Music is the magic,
which enfolds inside us
like a flower.
Touches a nerve,
we didn't know that hurst,
listen on the radio,
it can make us smile or cry
to be the sound-track for a good-bye.
The hymn of a love-story,
to give us a high.
To make us dance,
turn on a romance,
holding hands
and is also there for us, when it ends.
I thank my favorite poet,
to pronounce what I feel
like an artist does,
without making a fuss,
without fear,
standing tall and sing
the message into the world
that takes courage,
that's what I admire,
to give the words a voice,
singing arrives,
in our cells,
like holly bells,
that gets us higher.
Thanks, my favorite poet
for singing my desire.

BETTINA REICHL
federleicht
POESIE & POETRY

„Walk Me Home"
inspiriert von der Sängerin, genialen Textdichterin und Poetin P!NK
120 cm x 100 cm

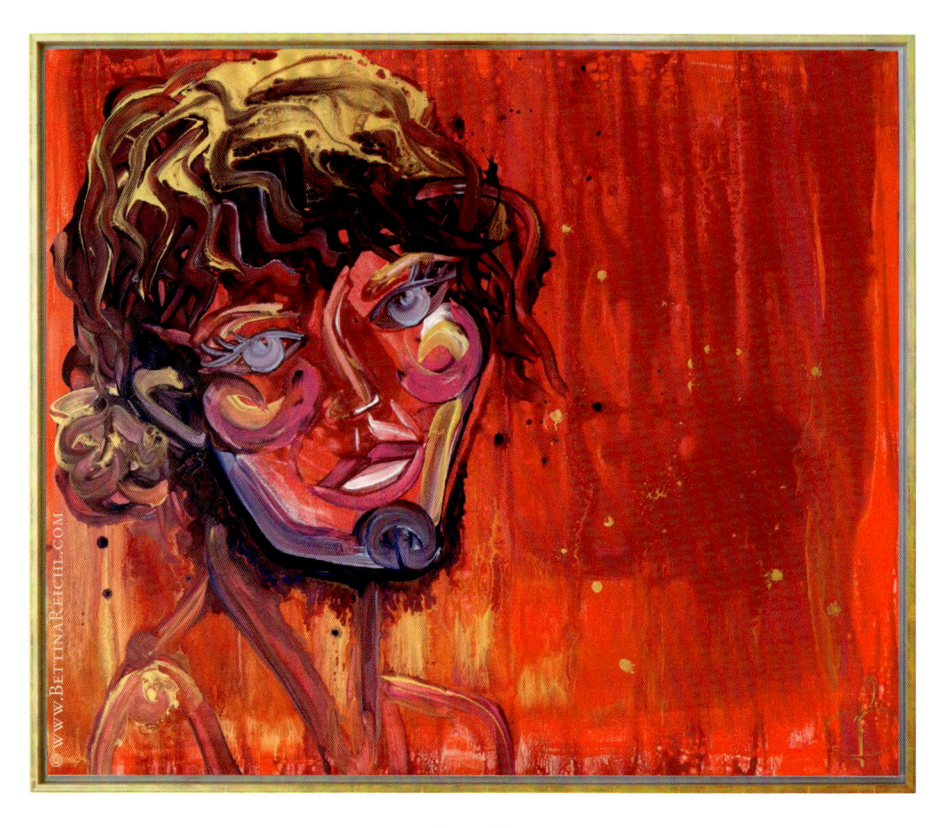

BETTINA REICHL
federleicht
POESIE & POETRY

„Lover"
INSPIRIERT VON DER SÄNGERIN, GENIALEN TEXTDICHTERIN UND POETIN TAYLOR SWIFT
120 CM X 100 CM

BETTINA REICHL
federleicht
POESIE & POETRY

"Wunder gescheh'n"
inspiriert von der Sängerin NENA, der wunderbaren Textdichterin und Poetin Nena Kerner
Vielen Dank für dieses wichtige Lied, dass immer aktuell bleibt, für jede Zeile, jedes Wort -
berührt das Herz und schenkt Zuversicht.
120 CM X 100 CM

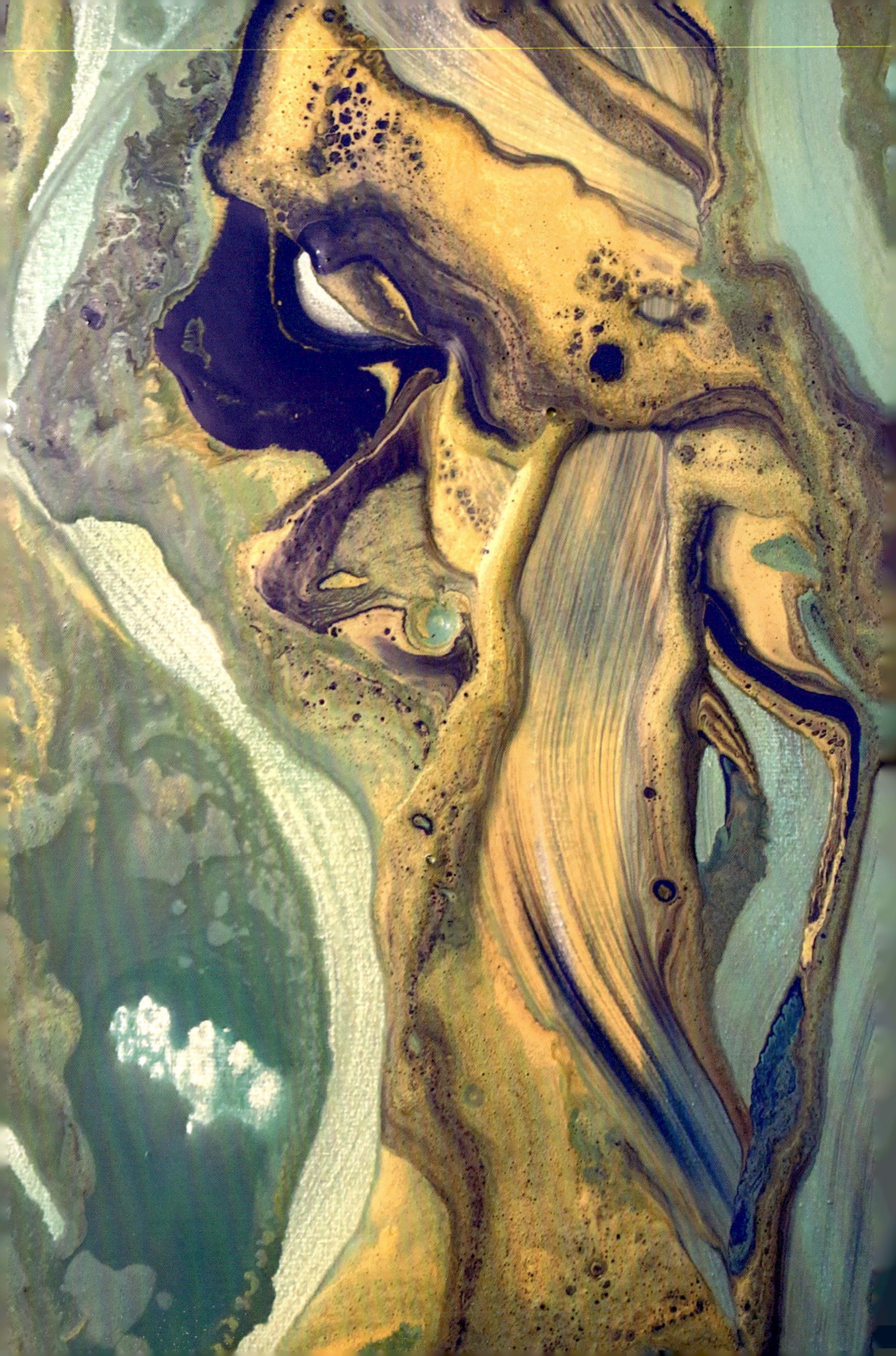

BETTINA REICHL
federleicht
POESIE & POETRY

„BLUEBIRD"
INSPIRIERT VON DER SÄNGERIN, GENIALEN TEXTDICHTERIN UND POETIN MIRANDA LAMBERT
100 CM X 120 CM

205

Two hundred and five,
a place of my life.
This number makes me shake,
like an earthquake.

Inside my body,
every cell,
a name is craved in
- Isabelle.

It hurts me to spell
each letter in bold
capital
in gold.

Two hundred and five
a place of a life.
In two years you made me,
be your always loving father, baby.

Forever you are part
of my still loving heart.
On my soul I carry your name
I'm grateful that you came.

Even though
a short time I know,
I still love you so.

I wear your name
craved like in a tree
for everyone to see
in worship with me.

STERNENKINDER

Is there anything
I can do?

Is there anything
to keep you

a little longer
close to me

a little longer
just for me?

You decided
the time to go

my little baby,
I don't understand
but I let you go.

Still you are in my heart
and love you, though.

You can be sure
of that my dear
you are loved
in my heart here.

I'm still your mommy
and your daddy

we're proud to say that
without fear.

That you are not with us,
forgive us,
that we shed not only one tear.

Rivers could not hold the pain
floating threw my vein
teardrops fall like rain.

Be sure of this
we will be strong
and carry on
knowing, you have your own song
playing in our heart
- for ever long.

Is there anything
I can do?

Is there anything
to hold you

a little longer
in this world.

Lord
make me stronger
and not so hurt.

Is there anything
I could have done?

This is a question
to kiss you longer
my little hun.

Instead
I run
up and down
can not sleep
not think about fun.

IM VERTRAUEN

Der Verlust ist tief
in Verzweiflung ich rief:
Schaut auf mich die mit Macht,
in meinem Leben sacht,
dass ich ertrage,
die Zeit bis ich
- auch weiterhin im Herzen -
meine/n (Mutter/Vater/Name) wieder in den Armen habe.

Doch weiß ich,
ich bin gehalten
von allen mich liebenden, guten Gewalten
und habe Vertrauen,
darauf kann ich bauen.

BETTINA REICHL
federleicht
POESIE & POETRY

„I MIGHT AS WELL BE HOLDING A BAG OF FEATHERS, A BREATH, A WISH "
INSPIRIERT VON UND ZITIERT AUS:
PICOULT, JODI: SING YOU HOME. LONDON: HODDER, 2011. S. 29.
120 CM X 100 CM

LICHT

Das Licht
das bricht die Dunkelheit.
Das Licht
ist für uns alle da
ins Licht wir alle gehn
im Licht wir uns alle wieder sehn.

BETTINA REICHL
federleicht
POESIE & POETRY

Lichtmusik "L'incoronazione die Poppea, SV 308: Pur ti miro
inspiriert von Claudio Monteverdi
interpretiert von Magdalena Kozená
120 CM X 100 CM

HORROR

Der Horror ist ein stummes Schreien,
das in einem laut,
den Mund nicht entweicht,
starr aus den Augen schaut.
Der Horror ist ein Geräusch,
das grell der Kehle je entweicht,
oder steckt,
sich ausbreitet im Körper wie Gicht,
die Venen aufsticht,
die Fassung bricht,
das Rennen zum Erstarren macht,
dass Trost es fast nicht schafft,
die Unrast zu bezähmen,
das Unaussprechliche zu erwähnen,
wofür es keine Worte gibt,
kein Rat je richtig erriet,
das Undenkbare verriet,
was der Horror in uns macht,
den es gibt.

BETTINA REICHL
federleicht
POESIE & POETRY

„'Yes,' I replied, 'but love is like war; it always finds a way.'"
INSPIRIERT VON UND ZITIERT AUS:
Levy, Deborah: The Cost of Living. Great Britain: Penguin Random House UK, 2019. S. 135.
120 cm x 100 cm

TROST

Trost ist viel
und doch so wenig.
Es kann sein ein Blick,
ein freundlicher Kick,
eine heiße Suppe,
eine Tasse Tee,
ein Kaffee.
Es kann sein ein Wort,
eine Hand,
eine tapezierte Wand,
an der man lehnt.
Ein Stuhl,
auf den man sich setzt,
das Grab am Friedhof,
wo eine Kerze brennt,
ein Gesicht, das man kennt.
Es kann sein ein Lied im Radio,
ein Stück Kuchen,
eine Scheibe Brot.
Es kann sein ein Vogel,
ein Bild von Wasser mit einem Boot,
ein neuer Morgen,
ein warmer Abend,
eine Decke,
ein Kuscheltier,
eine Katze, die sich zu einem legt,
ein Hund, der einem zur Seite steht
und schaut mit seinen Augen „Ich bin da."

Der Trost,
ist ein Geruch von daheim,
eine Mutter, die sagt: „Komm herein."
Ein Wirth, dass man nicht nach Hause muss,
wenn man nicht kann,
weil zu Hause keiner ist,
keine Katze, Hund, Frau, Kind oder Mann.
Der Trost ist eine Blume,
am Weg,
eine Geranie vor den Fenstern,
schöne Häuser mit Gärten,
in denen Menschen leben,
die sie pflegen.
Der Trost ist ein Teil von jedem,
der kommt in vielen Farben,
malt das Grau wieder pastell,
färbt das Schwarz wieder hell,
er ist ein Weben von trockenen Tränen,
strähnigen Mähnen,
weiche Zartheit von Menschlichkeit,
Göttlichkeit in der Natur,
der Trost ist niemals „nur".

BETTINA REICHL
federleicht
POESIE & POETRY

„Petite Gilberte"
inspiriert zum 01. August 2023
100 cm x 120 cm

DAHOAM

Regensburg, mei Dahoam,
in Züri is es a so woan.
In Santa Cruz und Tahoe is sche gsi,
nach Cape Cod muas i nimma hi.
In Wien, olwall a Ausflug wert,
a Budapest,
doch Montreux in da Schweiz,
a Liebe entstand zu de Leid,
zu de Bluma,
zu dem See,
so wos schens hab i seltn g'seh.
Da kannt i bleim,
do da konn i sei,
vielleicht hab i da amal a kleines Heim.
Und immer wieda hoam,
nach Bayern,
des is zum Feiern,
mit Familie und Freunde,
de mi psuacha,
wenn i wieder geh,
in mei Schweiz,
die mi immer
mit offenen Armen willkommen heißt.
Nicht geplant
und so gekommen,
schau ich versonnen,
auf mei schens Lem
und bin dankbar gwen,
so angenehm.
Für alle Leid,
nah und fern,
de felsenfest in mei Herz nei kehrn.
I nimm sie mit,
wohie ih geh,
wohies mi verschlagt,
in fünf Minuten hab i packt,
und bin,
wos mir behagt.
Mei Katz immer
aus dem Körbchen ragt.
Sie kimmt mit,
Schritt für Schritt.
Iss a so manches Mal ein wilder Ritt.
Sie ist fit.
Guat gsi.
Fein gsi.
Da muass i hi.
I gefrei mi.

BETTINA REICHL
federleicht
POESIE & POETRY

„Gemeinde Thalmassing"
120 cm x 100 cm

DURCH SCHNEE UND FEUER

Durch Schnee und Feuer
ich auf Dich zählen darf
nicht oft gesagt,
doch oft gedacht,
bist Du mir so wichtig,
dass ich Dir nun schreibe
mit der Post
und es Dir auf diesem Wege zeige
zum Fühlen in der Hand
und verbleibe
in Dankbarkeit für Deine Treue
über die ich mich von Herzen freue.

BETTINA REICHL
federleicht
POESIE & POETRY

Danke für die Treue

„Schneefeuer"
120 CM X 100 CM

BETTINA REICHL
federleicht
POESIE & POETRY

SEHR ZUM WOHL

„Sehr zum Wohl"
is what I say
lift my glass
like make a toast.

It's a toast
to the world
to life
to love
to friends
to health
to family
to all that wealth.

„Sehr zum wohl"
is
what's about
all that counts
all that bounds
ours hearts
in lifting sounds.

„Sehr zum Wohl"
is like a toast
to God
to thank him
being here
drinking.

„Sehr zum Wohl"
is
what means
to be glad,
enjoy,
and sad
being alive
right here
without any regret.

„Sehr zum Wohl"
we say
and mean it.
Like a prayer
to the world
to all people
and we feel it
- „Sehr zum Wohl."

BETTINA REICHL
federleicht
POESIE & POETRY

„Josef Menzl"
100 CM X 120 CM

BETTINA REICHL
federleicht
POESIE & POETRY

MEIN COUSIN CHRISTCHI

Zehn Jahre jünger ist er
und auch blond,
blaue Augen,
wie die Mama und Tante Witta,
da ist a,
mein Cousin,
jetzt 1,90 cm groß
in der Grundschule noch famos,
ganz besonders,
das fiel mir schon da auf,
das er sich zu einem setzen wollte,
der sie Sprache nicht versteht,
dieses Gefühl von Stolz auf ihn,
nicht mehr vergeht.

Besonders ist er
ohne Zweifel
geht seinen Weg
allein
mit Freunden
und Familie,
sein eigener Wille besteht.

Besteht die Frauen,
Orte,
Zeit,
vergehen
sind Frauen,
Orte,
Zeit,
meine Liebe zu ihm bleibt.

Verbunden sind wir
zwar durch Blut,
doch das ist nicht der Grund für seinen Mut,
fuhr an meine schlimmsten Orte,
half mir oft ganz ohne Worte,
oft auch mit,
seine Worte hart
da muss ich schlucken,
denn recht er hat,
manchmal,
manchmal auch nicht,
da sind wir
stur
auf unserem Weg
schön dass er immer wieder zusammen geht.

Begleiten tun wir uns,
wie ist das schön
durch Tiefen und Höhen.

So bin ich dankbar
für den Umstand,
dass mit ihm ein Freund in meine Familie fand
den ich schätze
mit dem ich schwätze,
mit dem ich feiere
und mit seinen Oldtimern rumeiere.

Der penibel ist und strikt
seine Werkstatt an Sauberkeit ein Labor leicht fickt,
tätowiert bis an den Arm
meine Tante weinte, als er so kam.
Seine schöne Haut ist voll
mit Zylinder, Karosserie und dann
fällt ihm immer noch was ein
eine Harley soll es sein,
Gottlieb Daimler
American Car,
Custom made
Edzel und El Camino,
Penhead, Suicide Clutch,
Linkert ohne Choke,
in der Garage Rock.
Für die Haare,
alle 12 Tage zum Friseur
nach Straubing zum Robert,
der sie ihm schneidet,
wie James Dean.
Da muss er hin,
die Frisur sitzt,
seine Witze beißen,
seine Eisen, die Heißen,
fährt er als „Kamm & Ride",
schön ist die Zeit.
Ich hoff, dass es ihn nicht keit,
dass er heil bleibt.

BETTINA REICHL
federleicht
POESIE & POETRY

„Christian Kamm im Edsel"
100 cm x 120 cm

ONKEL SEPP

Du bist nicht nur einfach nett,
Du bist gar WUNDER-voll,
kannst alles,
das ist so toll!

Meine erste Vespa PK 50 XL
weinrot mit Chrom-Kaskade,
bekamst Du zum Starten
ohne Fanfare,
hast für den BMW
eine Autobatterie im petto.
Bezahlt wird nicht netto,
sondern mit Mandelhörnchen
weiß in Puderzucker
und innen drin den guten Butter.

Dein Herz schlägt für die Harley,
Davidson,
wie auch Dein Sohn.
Die Tochter bringt die Enkelkinder
so jung warst Du da schon
und bist es noch
wie Deine Frau
die Tante Witta
seit Geflitter
seid Ihr ein eingeschworenes Paar
kennt Euch bis in das letzte Haar
ergänzt Euch, liebt Euch,
so schön ist das,
wie sie lacht
Onkel Sepp, alles richtig gemacht!

BETTINA REICHL
federleicht
POESIE & POETRY

„Roswitha Kamm mit Bella"
100 CM X 120 CM

MANU

Dear Manu,
that's YOUR poem, alone.
You deserve it for sure
being responsible not only for fun,
but for every milestone.

You stayed on my side
whatever came so far
since third grade, communion
you being my friend - I say with pride.

I got you as a present
directly from God - who else
that we may be friends
- always in present tense.

We made our way
each one for herself
and somehow still
next to each other - we can say.

Of course
we learned from each other.
The first time you taught me
how to snowboard, leaving the country and to dance
like you were preparing me
for that in advance.

Of course!
You laugh at me,
slipping down a gaping abyss with my snowboard
that people thought, you were hurt,
sitting on the ground,
instead you laugh so hard
that you were't able
neither to speak, stand or to rescue me.

You laugh so hard, that even you shed tears!
In weird situations,
like giving me back some of my books,
even one, you said
„At that first page you wrote something."
„Manu, it was a present and thats' the dedication!"
you bursted in laughter
what seemed to last for years.

An other thing, there you get furious about,
that I should keep my story short.
And here I hear you shout:
„Just bring it on the point!"
without becoming even loud.

You know me.
Like this time,
I don't manage it either
it will be NEVER enough time to tell all.
At the same time
I want you not to affend
so I cut it down to just thank
you for being my best friend.

„Manuela Ebenthal"
100 CM X 120 CM

BETTINA REICHL
federleicht
POESIE & POETRY

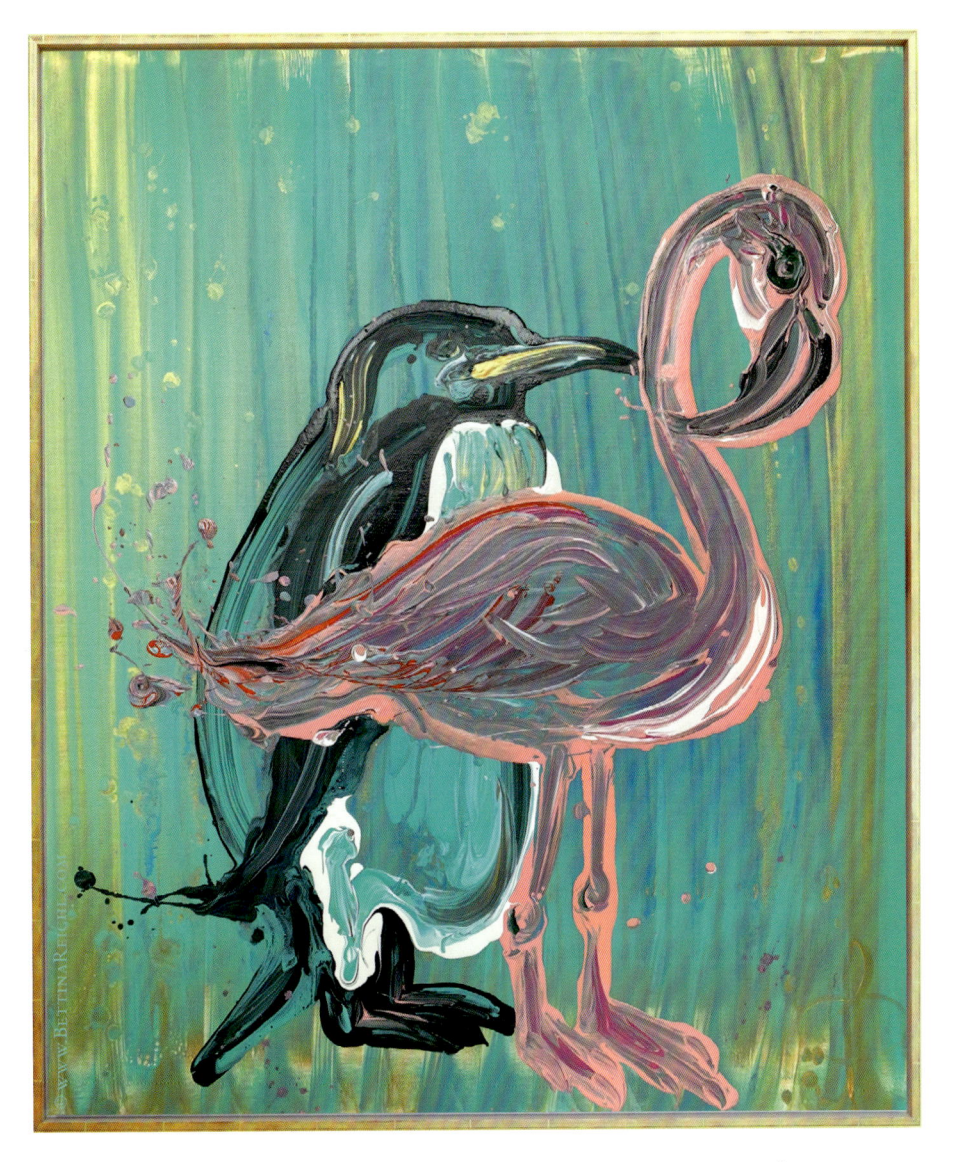

„As such, the two young men hardly seemed fated for friendship."
inspiriert von und zitiert aus:
Towles, Amor: A Gentleman in Moscow. London: Windmill Books, 2017. S. 80.
100 cm x 120 cm

BETTINA REICHL
federleicht
POESIE & POETRY

Manuela Ebenthal

Sie ist golden. Das weiß ich, denn sie ist meine beste Freundin seit der dritten Klasse. Als meine Mutter zur Vorbereitung der Kommunion „Tischmutter" für eine Gruppe von acht und 9-Jährigen bei uns zu Hause war und wir am Küchentisch Kerzen bastelten. Manuela war eins dieser Kinder. Wir sind sehr verschieden. Sie liebt Action und Bewegung, Exel-Tabellen und Zahlen, ich Mensch und Tier, Farben und Worte, sie ging in die Wirtschaft und bereist als eine der wenigen Frauen in einer Männerdomäne der Getränkeabfüller die Welt. Ihr Gebiet ist Asien. Dort verkauft sie Maschinen. Sie rechnet in Millionen.

Sie arbeitet hundertseitenlange Verträge in Vielflieger-Loungen von Flughäfen aus, arbeitet weiter daran auf den Weg nach Indonesien im Flieger, zurück aus Korea, nach China, Japan, bringt mir Tee mit und interessante Geschichten, dass sie eine komplette Abfüllanlage für x-Millionen verkauft habe und bei der Tee-Zeremonie übers Ohr gehauen wurde.

Sie erzählt mir, dass sie den Vertrag in einem goldenen Prachtsaal wie in Neuschwanstein an einen langen Tisch, an dessen Kopf der Chef der Firma saß zum Abschluss brachte. Dass sie den Kaufvertrag mit meinem Stift unterschieben hat und diesen dann dem Firmeninhaber gab um zu unterschreiben. Der gravierte Stift mit „Du bist golden", den ich ihr zu ihrem bestandenen Assessment geschenkt hatte. Sie erzählte mir die Geschichte und die Pointe war, dass er den Stift eingesteckt hatte und sie ihm nicht sagen konnte, nachdem er mehrere Millionen überweisen würde, nach einer Verhandlungszeit, für die sie mehrfach nach Taiwan geflogen war. Dass sie ihm auf seiner Insel gedroht hatte, dass sie einen der Bewohner dort heiraten würde und die Insel erst wieder verlassen würde, wenn er den Vertrag unterzeichnet habe.

Die Verhandlungsführung finde ich genial.

Ich spürte, dass es ihr im Herzen leid tat, dass sie den Stift dafür habe aufgeben müssen. Ich beglückwünsche sie zu ihrem Erfolg und umarme

sie. Wie sie erzählt, verströmt „Joie de vivre" und wir lachen von Herzen.

Ich war so stolz auf sie, ihre Schlagfertigkeit und ihren Humor. Ich versprach ihr einen neuen Stift. Den muss ich ihr noch rechtzeitig schenken, bevor sie nach ihrer 2-Kinder-Baby-Pause wieder in den Ring steigt, wieder in den Hosenanzug, wieder die Welt als knallharte Geschäftsfrau erobert, nachdem sie in der Zeit zu Hause Kinderlieder gesungen, Bilderbücher angeschaut hat und statt Aktenkoffer und Remowa-Trollies durch Gates gezogen hat, Kleinkinder, Pampers und Kinderwägen schiebt.

Beides, als habe sie es schon immer gemacht, beides mit einer Energie, einer Natürlichkeit und einer Selbstverständlichkeit und Stärke. Beides macht müde, beides kostet Nerven, beides belastet den Körper - nur anders.

Beides gibt ihr etwas. Beide Rollen kostet sie Zeit, Mühe und Ideen für Verhandlungsgeschick - nur anders.

Ich habe viel gelernt von ihrer Hartnäckigkeit, Abgeklärtheit von Verhandlungen und Sichtweisen in diesen Gesprächen, die wir in gemütlichen Abenden zerlegten, drehten und begutachteten. Und viel lachten.

Zu unseren Geburtstagen feierten wir immer gemeinsam mit einer dritten Freundin jedes Jahr und die anderen beiden wählten eine Stadt, einen Ort, ein Hotel, ein Restaurant und - wir feierten unsere Freundschaft, das neue Lebensjahr, das Jetzt und die Zukunft, das Essen, tanzten und sangen bei der Autofahrt, wo es auch hinging. Mal Salzburg, Gardasee, Walchensee, Tegernsee, München, egal. - wir machten es uns immer schön. Das war unsere Tradition.

Vor einem meiner Geburtstage rief sie mich ein paar Tage vorher an, teilte mir mit, sie müsse nach Asien fliegen für eine wichtige Verhandlung. Ich solle allein verreisen. Gut. Und wohin? Ans Meer? In eine Stadt. Ich fragte sie: „Gut. Welche Stadt passt zu mir?" Ihre direkte Antwort: „Rom." Gut, ich würde also meinen Geburtstag allein in Rom verbringen. Diese Information der Planänderung meines Geburtstags und die Entscheidung einer Städtereise nach

BETTINA REICHL
federleicht
POESIE & POETRY

„Manuela Ebenthal ist golden"
100 cm x 120 cm

Rom dauerte 30 Sekunden. So funktionieren wir. Wir kennen uns so gut, dass auch unsere Freundschaft derart lösungs-orientiert ist. Diese Reise war eine der schönsten Reisen, die ich je unternahm. Die mich sogar dazu inspirierte, eine Novelle darüber zu schreiben. Bisher ist sie noch nicht verlegt, ich bin allerdings guter Dinge, dass sie zur richtigen Zeit in gedruckter Form im richtigen Verlag erscheint und von vielen Menschen gelesen und genossen wird, die die Luft Roms lieben im November.

Ich suchte ihren Ehemann aus. Sie wollte nie einen hochdeutsch-sprechenden Mann. Ralf kommt aus der Nähe von Hannover. Diesen Punkt konnte ich nicht erfüllen, da der Rest dieses Mannes zu gut war, um darauf Rücksicht zu nehmen. Er versteht sie, hat die Größe, dass er eine starke Frau halten kann, die verhandlungs-sicher auftritt und große Summen ihr täglich Brot nennt. Das ist besonders, so ein Mann. Ich freue mich für sie, dass sie beruflich und auch privat ihre Liebe lebt.

Meinen Portraits, die ich male gegenüber, ist sie allerdings verhalten. Vielmehr beantwortete sie meinen Anruf nicht, als ich das erste in weinrot, ihrer Lieblingsfarbe anfertigte - zwei Tage keine Reaktion. Nach einem langen Gespräch, als ich das Bild am Ende erwähnte, ob es ihr nicht gefalle - kam erst die Explosion. Nein. Daraufhin malte ich sie ein zweites mal, diesmal mit weinrot und gold des Abends, als wir gemeinsam ihr bestandenes Assessment im „Kreuzer's" in Regensburg feierten. Sie blieb dabei, dass sie meine Tiere schön findet, besonders den Hirsch „Wendelin", dass sie meinen Portraits jedoch nichts abgewinnen kann. Sie ist meine beste Freundin. Immer ehrlich, direkt, herzlich und - golden.

EMMA

Die Emma lieb ich so sehr
und lieb sie immer mehr.

Sie folgt mir auf Schritt und Tritt
sie hält mich fit.

Sie liebt nur mich
als einzigen Mensch
alle anderen mag sie kein Stück
was hab ich für ein Glück.

Als Reisekatze
hin und her
fährt sie nach Zürich, Montreux
und mehr,
manchmal nach Genf
und oft nach Bayern,
so eine Katze muss man feiern.

Auch in Schwäbisch Hall war sie dabei,
da fanden wir's nicht so schön,
wir zwei.

Sie lauscht Hörbuch im Auto,
so ist sie entspannt
so hab ich sie ursprünglich nicht gekannt.

Sie mag jetzt Wasser
und denkt sie ist ein Hund
hört auf den Namen
und achtet auf meine Bilder
mit den Farben bunt.

Ohne sie,
fühl ich mich allein,
bei mir soll sie sein.

Wenn ihr ein Mann
an den Kragen will:
„Oder kann sie sterben?"
den Mann ein letztes Mal hab ich getroffen.

Emma geht vor.
Ich hab sie lieb.
Mein höchstes Gut
am Zoll gefragt:
„Wieviel ist sie wert?"
„Sie ist unbezahlbar."
ich dem Zollpolizisten erzählt.
Er fragte erneut
und ich antwortete gleich.
Er schmunzelte dann,
für ihn bin ich reich.

Er gab mir den Stempel,
jetzt eingeführt sie ist,
legal in die Schweiz,
die sich auch freut
über diese schöne Seele,
der vier brauen Pfoten nie bereut.

Nur Dankbarkeit
mich erfüllt,
dass ich sie hab,
dass sie mit mir leben mag.

Einen Hund ich wollt,
eine Katze bekommen,
Jean Austin gelesen,
so hat Emma ganz versonnen
ihren Namen getragen,
als soll es so sein,
von Hund die Katze,
wie meine Pläne,
ganz anders gekommen,
beruflich, privat, Land und Herz mein,

nur reimen,
das geht auf,
auch manchmal nicht
- Scheiß drauf.

BETTINA REICHL
federleicht
POESIE & POETRY

„Aber der Liebe ist es doch egal, ob du ein Huhn bist, eine Katze oder ein Mensch."
INSPIRIERT VON UND ZITIERT AUS:
Köhler, Karen: Miroli. Müchen: Carl Hanser Verlag München GmbH & Co. KG, 2. Auflage. 2020. S. 125.
100 CM X 100 CM

MORITZ

Wie schön ist dieser kleine Mensch,
der sich selbst Boffi nennt,
seine Augen strahlen
so schön kann ich sie nie malen
wie dieser Bub mein Herz erfreut
sein Lachen hell,
sein Geist so wach,
über seine Aussagen ich lach.
Meinen Eltern das Herz aufgeht,
wenn ihr Enkel vor ihnen steht,
sich an sie drückt,
sich an sie kuschelt,
die Hand ausstreckt,
so klein,
die Finger noch so fein,
so lieb, so rein,
wunderschön, Moritz, Neffe, Blut, Familie mein.

BETTINA REICHL
federleicht
POESIE & POETRY

„Papas erste Ausfahrt mit Moritz am Güldner"
100 CM X 120 CM

PASCAL

Pascal,
Pascal,
halt mich, wenn ich fall.

Pascal,
Pascal,
hältst du mich, wenn ich fall?

Es gibt so viel,
möcht ich dir sagen,
tausend Jahre, hundert Tage,
viele Stunden, paar Minuten,
wenige Sekunden
hab ich gebraucht
um zu verstehn,
ich will dich wieder sehn.

Will dich spürn,
will mit dir tanzen,
nachts in Hamburg bei den Schanzen,
am Tag, wenn vorbei ziehn Kinder mit Schulranzen,
will ich deine Hand halten,
will sein im Restaurant wenn Ober Servietten falten,
will nachts in deinen Armen liegen
und alle deine Kinder kriegen.

Pascal,
Pascal,
wirst du mich halten,
wenn ich aus der Reihe fall,
wirst du wollen, dass ich gleich wie andere,
auf Instagram und Social Media jedem gefall?
Denn das ist auf jeden Fall,
nicht mein Fall.

Pascal,
Pascal,
wirst du mich halten wenn ich fall?
Wenn ich verfall
dir wie im Bann,
dir unbeschreiblich tollen Mann.
Wenn ich vor Verzückung schrei,
mich fühl als wär ich high.

Pascal,
wirst du mich halten im Fall
mein wichtiges Datum und da ist Fussball,
da ist Rauch und Schall,
wirst du mich halten bei dir,
bei mir sein, mein Urknall,
der alles erschafft, der rafft
was ich mein,
der Glücksfall,
bin ich dünn oder drall.

Pascal,
wirst du mich halten wenn ich fall,
wenn ich vor Freude springe,
laut singe,
sage dumme Dinge,
wirst du mich halten wenn ich fall,
zwei goldene Ringe
als ob ich hinge
am Leben,
wie an dir,
Pascal, wirst du mich halten wenn ich fall,
auch wenn ich traurig bin,
glücklich bin,
willst Du sein mein All.

Auf jeden Fall!

BETTINA REICHL
federleicht
POESIE & POETRY

„Eliot"
120 CM X 100 CM

BETTINA REICHL
federleicht
POESIE & POETRY

INTERNATIONAL AMNESIA

Isn't that funny?
I don't think so.
Meeting a group of men,
who invited me, to join them
in their gathering around of six.
Usually they are eight,
„honey badgers",
relaxed like with backscratchers.
Standing there,
at that bar,
their homes not close,
not far.
Some of them are married,
some going through a divorce,
some already are divorced.
I am invited,
the stay is unforced.
I enjoy myself,
Wearing a new dress,
nonetheless,
but I guess,
a pure success.
I feel good,
we are in a fine mood.
I talk with all,
they are nice,
we share stories, jokes, advice.
One, I asked him:
"Are you married?"
He: "We are doing the divorce agreement, split and all."
He is interested, I notice.
They decide, they go in a club:
„You come with us, that is for sure."
I go with them,
a fun evening,
unexpected,
somehow I feel selected.
We dance,
have fun,
the one asks me to dance,
I do,
it starts a romance.
Again unexpected,
and he is hot.
He kisses me
on the dance-floor,
and I can assure,
he is no bore.

It's so nice,
actually,
I am surprised,
at least ten years,
I have not been kissed on the dance-floor.
And I want more.
More kisses like that,
we dance elegant like a cat,
our mouths stick together,
until I feel, somebody pulls me from the back,
until our mouth separat.
One of his friends,
angry and on fire,
shouts to me,
the music blasts and loud:
„Do you want him or me?"
I point to his friend who stands aside,
tries to understand that scene.
He repeats:
„Do you want him or me?"
Again, I point at his friend,
said: „I want him."
In angry heat,
he turns to his friend.
I only see,
they have an argument,
over me.
They fight.
We three stand at the dance-floor,
I watch,
what might
happen that night.
The one who kissed me,
signaled his friend,
that he wants me,
that the other one,
is no part of this band,
his part in this music
had an end.
He left.
We stayed.
Danced.
Enjoyed the magic,
which was bombastic,
the other one's tragic

who's now less enthusiastic.
All of his friend's left,
we two stayed back,
rocked by beat
music base,
kissed,
later in the staircase.
Kissed on the street,
on the place,
we need a taxi,
a hotel.
I decided,
I go home,
that he steps in a taxi,
we kiss good-bye.
It's four in the morning,
when we decide to meet tomorrow,
I don't brush my teeth,
to taste his taste,
until I awake.
Think of him.
I'm happy.
Exactly then,
I got a message on my phone.
From him.
Because he had asked me for my number.
That was so cute,
as he stopped kissing,
some hours before,
to say: "May I have your number."
I said: "Of course."
And for his first message,
he had used it
to write:
"Did you come home all right?
I hope you are safe."
The next words made me feel a wave
inside my heart,
my blood gave up to pump,
to circulate.
"I am with somebody,
since a little while.
It's serious and I don't want to have it parallel.
I hope you understand."
"Sure."

I write.
And get pale.
Why is this a folktale,
which repeats,
since generations,
all these men,
forget their relations,
they have
at home.
International amnesia.
Is that a syndrome?
Is there something wrong with a chromosome?
Because all this changing weather,
in hours, seconds,
night and day,
I can't predict,
I am no metrologist, nor a metronom.
I'm glad, I drove home.

ES GIBT SIE NOCH

Es gibt sie noch,
die guten Männer.
Hab Vertrauen,
öffne dein Herz,
geh raus,
in die Welt,
geh aus.
Er kann dich überall finden.
Wird er.
Schau her.
Wer hätte das gedacht?
Ich nicht.
Ein guter Mann,
der eine nette Stimme hat,
den du riechen kannst,
der tanzt.
Der lieb zu Kindern und zu Tieren.
Der einen hellen Geist,
der hört und denkt,
der fühlt und schmeckt,
der sieht was in dir stecht.
Der wird dich finden,
sei gewiss,
und vergiss,
was du früher hast gedacht,
die Liebe alles neu gemacht.
Da hat so mancher laut gelacht.
Sei wach,
sei froh,
Genieß das Leben,
es hat uns so viel Schönes zu geben.

BETTINA REICHL
federleicht
POESIE & POETRY

„Andreas"
100 CM X 120 CM

AND WHEN IT'S TIME

And when it's time I will know
when to love
and when to sew.
When to cook and when to cry.
When to laugh and when to die.
And when it's time I will know
where to be
and where to go.
Where to stay
and where to leave
where to hold in my breath and where to breathe.

And when it's time I will know
what to say
and when to say „No".
What to whisper,
what to shout,
what to pray
and what to doubt.

And when it's time I will know
what to fight for and when to bow.
What to look for, for what not
What to crave for and already forgot.

And when it's time I will know
when to dance
- real slow.
When to wish for nothing more.
When to notice
all the joy into the core.
When to smile without a word.
When to shut the mouth and not to hurt.
When it's real love just in front of you,
when it's true love, who just met you.
When it's trust and worth trusting
When it's
- the real thing.

And when it's time I will know
it's just a show
or worth to row.

BETTINA REICHL
federleicht
POESIE & POETRY

"Such is the drug which, dewed on the eyelids, makes yesterday inconsequential, and tomorrow certain and today golden."
Inspiriert von und zitiert aus:
Hermes Gowar, Imogen: The Mermaid and Mrs. London: Vintage, 2019. S. 162.
120 cm x 100 cm

BETTINA REICHL
federleicht
POESIE & POETRY

2023

Das Jahr, in dem es erstmals seit Jahren wieder in ist blass zu sein?
Mit weißen Beinen durch die Stadt zu laufen?
Sonnenbänke verschwanden?
Schwer versuchte Bräune verpönt?
Die wir bisher als schön fanden?
Durch Sonnenbäder Generationen an Hautkrebs erkrankten?
Das Jahr, in denen Latzhosen wieder kamen?
Erstmals wieder junge Menschen zu rauchen anfangen?
War ausgemerzt, uncool und stank?
Jetzt ist es wieder sozial anerkannt?
Der Dackel feiert sein Revival?
Nach 40 Jahren?
Laufen Dackelwelpen wieder durch die Stadt in Scharen?
Das Jahr, in dem die Häuser durch Corona renoviert?
Der Wahnsinn regiert?
Die anstatt zu reden,
zu verhandeln,
ihre Nachbarländer mit Verachtung und Hohn behandeln?
Dass jede Aussprache schwer?
Es scheint, als können sie nicht mehr reden, die sollen?
Als sind die falschen an der Macht?
Als wollen sie vielleicht,
dass alles kracht?
Zusammenkracht?
Irgendwen gibt's sicher, der lacht?
Das Jahr, wo wirklich viele Kameras auf den Straßen?
Sicher nur den Stau beobachten und mahnen diejenigen, die rasen?
Das Jahr, als die Unmode der 80er
ein 2. Mal die Welt der Mode beschämt?
Mitmacht ein jeder, der sich nicht schämt?
Das Tier, das in Corona angeschafft,
sich nun in den Tierheimen krämt?
Das Jahr, als das Essen teuerer wurde?
Der Leitzins steigt?
Beachtlich?
Das Jahr, als wir feiern, als gäbs kein Morgen mehr?
Weil alles, was verboten war,
vergessen die leeren Plätze,
dort ist nun wieder eine Schar?
Wieder eine Schlange für Eis, dass man auch beim Nachbarn schleckt,
ohne sich ansteckt?
Das Jahr, als alle Gold kaufen?
Das Geld von der Bank nehmen?
Die Credit Suisse gekauft wird von der UBS?
Das Jahr, als Bankwitze rar?

Das Jahr, als der Topfschnitt bei Männern wieder kommt, wie Mönche?
Das Jahr, als nur noch ein Papst, weil der andere starb?
Auch meine Mama nach Rom sich zu verabschieden fahrt.
Nach dem 70. Thronjubiläum auch die Queen,
zur Beerdigung die ganze Welt erschien?
Die Monarchie bleibt bestehen?
Den Charles als König wir nun sehen?
Das Jahr, als noch weniger in die Kirche gehen?
Die renoviert und glänzen in ihrer Pracht,
doch in Corona, als gebraucht, reguliert und zugemacht?
Das Jahr, als grüne Kleider getragen werden, als sei es eine Farbe, neu entdeckt?
Als habe man die Menschen für Farben wieder aufgeweckt?
Als kommen alle wieder raus, die sich für 3 Jahre versteckt?
Und daran aufgegeilt?
Zu ermitteln, wo angesteckt?
Den Großeltern die Kinder vorenthalten?
Mit einem Grund?
Den die Nachrichten und Schund?
Ihnen wie ein Paket mit Schleife bund?
Gern angenommen?
So vielen unliebsamen Verpflichtungen entronnen?
Das Jahr, in dem versonnen, in die Zukunft geschaut?
Dem Fernseher getraut?
Der Religion, der Zivilisation?
Wo jeder sprechen darf, der schreit?
Der laut und bunt?
Der frech und brutal?
Das sehen alle, als hätten sie keine Wahl?
Das Jahr, als Homeoffice nun normal?
Das Jahr, zweitausenddreiundzwanzig, eine Zahl?
Das Jahr, als ich 40 bin und aussehe wie 30?
Mit der Körperpflege war ich fleißig?
Das Jahr, an dem das noch wichtig?
Weil ich noch keinen Mann hab?
Den Herrn Richtig?
Weiß noch nicht, ob's ihn gibt?
Der Mann, der mich liebt?
Der mir ein Kind gibt?
Das Jahr, als noch alles offen?
Das Herz?
Die Tür?
Die Gedanken?
Nichts ist verschlossen?
Nichts steht fest?
Es bleibt der Rest?
Des Lebens?
Der Jahre?

Die ich nutze, sie zu genießen?
Die Blumen zu gießen?
Es vermeide zu niesen?
Das Jahr, in dem ich alles lasse fließen?

Und weiß, dass sich gerade so viele unweit erschießen?

Das Jahr, in dem Mädchen und Frau bauchfrei sein muß?
Mit hohen Bund?
Und ein Badeanzug erstmals wieder in den Schrank fand?
Das Jahr in dem rund,
runder Po und runde Brust,
erstmals die Anorexie-Models ablöst?
Das Jahr, in dem Schmuck wieder gold?
Die silberne Uhr ablöst?
Das unechte abstößt?
Plastikpflanzen nur noch hat,
wer wirklich keinen Geschmack?
Kein Herz und keinen grünen Daumen?
Bei den anderen wachsen Pflaumen?
Die erstmals wieder eingemacht in Gläser?
Für Vorrat konserviert?
Trockenblumen gebunden und dekoriert?
Dinkelbrot gebacken?
Erstmals vegane Bratwurst an der Uni gebraten?
Mehr gefragt, als die aus totem Schwein?
Vielleicht lassen es für die Liebe zum Tier,
noch mehr sein,
Tiere leiden zu lassen,
als ob wir sie hassen?
Nur um sie auf den Teller zu legen,
um Essen zu fassen?
Bier ist nach wie vor,
ein Teil der Nahrung?
Zumindest in Bayern?
Wo sie viel vertragen und wenig reiern?
Es trinken bei Einsamkeit und zum Feiern?
Zum Durst löschen und einfach so?
Weil man sich sieht?
So ist es kein Geheimnis, dass Alkoholismus eine Volkskrankheit, unter der viel leiden?
Nicht nur die Trinker, sonder die Familie, die Arbeit und die Kinder?
Und lernen es von den Eltern?
Das gehört dazu?
In wenigen Jahren,
auch sie, in dieser Spirale im Nu?

Und raus bist du?
Wenn Du dazu gehören willst
oder hast keine Kraft,
auf eine eigene Meinung,
oder nach marschierst im Gleichschritt ohne Rast?
Was alle tun?

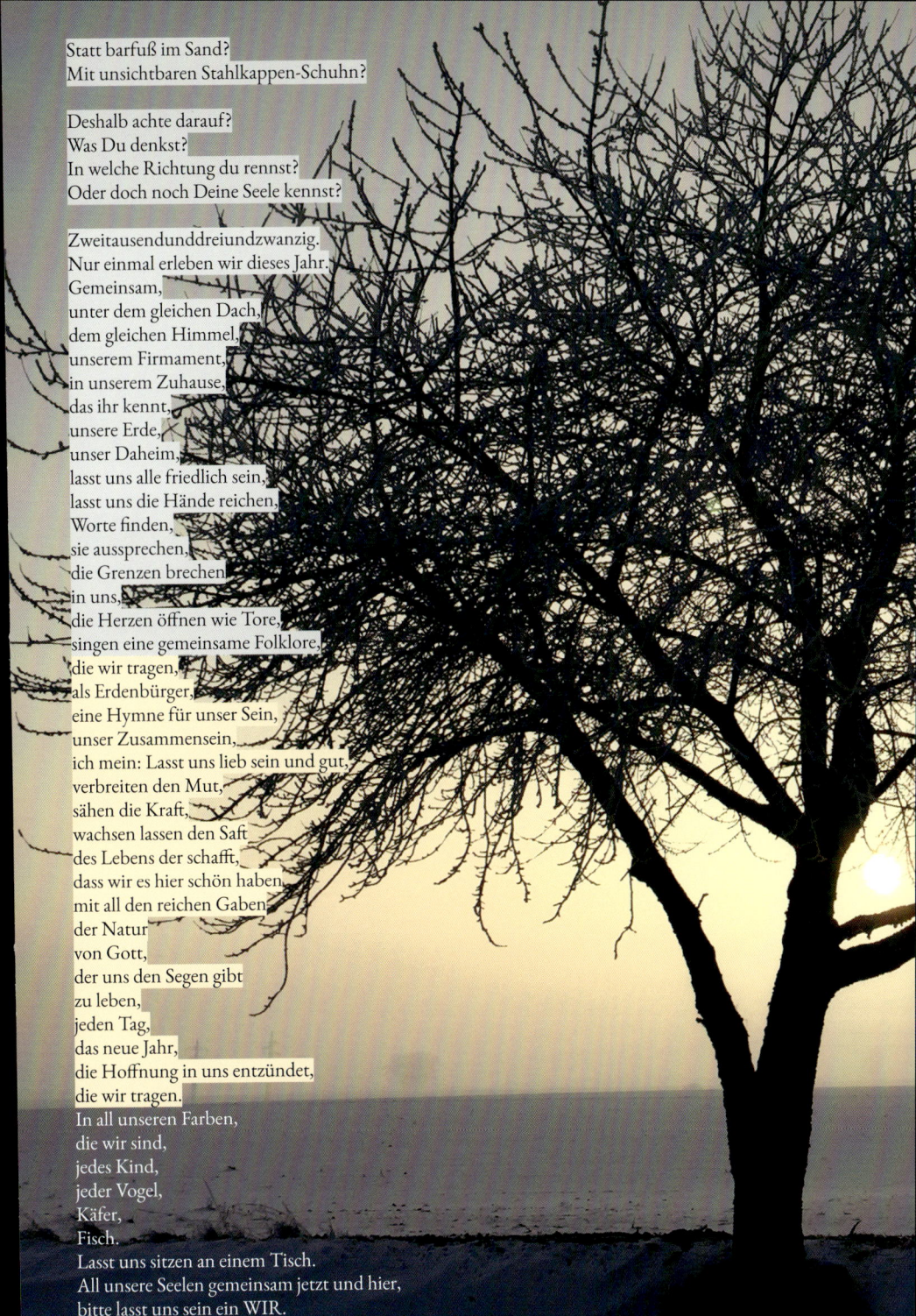

Statt barfuß im Sand?
Mit unsichtbaren Stahlkappen-Schuhn?

Deshalb achte darauf?
Was Du denkst?
In welche Richtung du rennst?
Oder doch noch Deine Seele kennst?

Zweitausendunddreiundzwanzig.
Nur einmal erleben wir dieses Jahr.
Gemeinsam,
unter dem gleichen Dach,
dem gleichen Himmel,
unserem Firmament,
in unserem Zuhause,
das ihr kennt,
unsere Erde,
unser Daheim,
lasst uns alle friedlich sein,
lasst uns die Hände reichen,
Worte finden,
sie aussprechen,
die Grenzen brechen
in uns,
die Herzen öffnen wie Tore,
singen eine gemeinsame Folklore,
die wir tragen,
als Erdenbürger,
eine Hymne für unser Sein,
unser Zusammensein,
ich mein: Lasst uns lieb sein und gut,
verbreiten den Mut,
sähen die Kraft,
wachsen lassen den Saft
des Lebens der schafft,
dass wir es hier schön haben,
mit all den reichen Gaben,
der Natur
von Gott,
der uns den Segen gibt
zu leben,
jeden Tag,
das neue Jahr,
die Hoffnung in uns entzündet,
die wir tragen.
In all unseren Farben,
die wir sind,
jedes Kind,
jeder Vogel,
Käfer,
Fisch.
Lasst uns sitzen an einem Tisch.
All unsere Seelen gemeinsam jetzt und hier,
bitte lasst uns sein ein WIR.

BETTINA REICHL
federleicht
POESIE & POETRY

„Die vier Jahreszeiten op.8"
inspiriert vom Komponisten Antonio Vivaldi & inspiriert und interpretiert von Ning Feng
im Kaufleuten in Zürich
120 cm x 100 cm

BETTINA REICHL
federleicht
POESIE & POETRY

"Ein bisschen Frieden"
inspiriert von der Finalaufnahme des Eurovision Song Contest 1982, in der Nicole Hohloch
in mehreren Sprachen das von Bernd Meinunger getexteten und von Ralph Siegel
komponierte Lied "Ein bisschen Frieden singt".
120 cm x 100 cm

ICH KOMM VON EINEM LAND

Ich komm von einem Land,
wo Hopfen und Raps in Rauten auf den Feldern blühen.
Wo auch Kartoffel und Zuckerrüben wachsen,
zu denen wir sagen, Erdäpfel und Raner.
Wo Bier fließt wie Wasser,
grüne Wälder und blaue Seen nasser,
die Autos krasser.
Die Blasmusik am Sonntag spielt,
auch Fußball die Fahne hoch hält und hielt.
So manche Familie liebt wandern und Skifahren.
Da möchten viele aus dem Ausland hifahrn.
Nur ich zog weiter,
wo Wein wächst und Kühe im Freien stehen,
wo auch viele sind, blaue Seen.
Wo man auch Dialekt spricht sehr ähnlich zu meinem.
Lebensfroh, hier und da.
Das gibt sich nix.
Mal bin ich da, mal bin ich dort, bin nicht gebunden an den Ort.
Er gab mich frei,
so kann ich tun,
so allerlei.
Die Heimat im Herzen, die ich nun habe, die Orte die ich fühle, in mir trage
und bin willkommen, das spür ich tief.
Auch wenn mich wer in die Ferne rief,
so ist Bayern und die Schweiz nun bei mir, wohin ich geh,
ich beides als ein Teil von mir seh,
als daheim fühl ich mich, aufgrund der Leute,
die wunderbaren Seelen,
meine Lebensbeute.
Die Liebsten hab ich mir gesammelt,
wahre sie kostbar,
trage sie am Herzen
die Umgebung so lieb ich habe,
vor Freude schmerzen.
Und hüpft mein Herz
bis an den Hals,
so bitte ich den Herrgott falls
er weiteres mit mir vor hat,
dass er mich immer wieder hier zurück lasst,
ich zünd ihm auch an die Kerzen,
in jeder Kirche, in die ich gehe,
solang ich mein Bayern und die Schweiz immer wieder sehe.
Ich flehe, vergellts Gott allen lieben Seelen,
und schütt Champagner in ihre Kehlen,
oder was sie sonst gern haben,
für die Freude, für die Treue, für die Freundschaft, Liebe, Ehrlichkeit und Humor,
danke für die schönsten Gaben!

BETTINA REICHL
federleicht
POESIE & POETRY

GÄUBODENVOLKSFEST

Dem König Maximilian I. Joseph,
verdanken wir den Start,
auf den jedes Jahr ich wart,
nicht nur ich,
sondern so viele.
Der Elfgspanner beim Einzug,
Am Hagen
mit Pferden und Gallop,
die Weiber und Mannsbilder alle flott.
Im August, ganz Rengsburg ist leer,
da ruft Straubing alle her.
In der schönsten Tracht,
Alt und Jung, Familien mit den Kindern,
zu Knedl und Soß,
Spezle und Bratwürstl,
Kaiserschamrrn und Apfelstrudel,
Steckerlfisch und Brezen,
Agnes-Bernauer-Torte,
Haxen und Kraut,
dass ein jeder nur so schaut.
Karussell und Ostbayernschau,
ja WOW.
Zehn Tage wird nicht mehr geschlafen,
Gäubodenfest,
ein Volksfest für alle
von Nah und Fern strömen sie hin,
in ihrem schönsten Zwirn
an diesem Ort.
Ein friedliches Fest,
eine Stimmung zum Frohlocken,
Männer tragen Strümpf, Loferl und Socken
in ernare Haferlschuha,
des tragt da scho da kloane Bua.
Alle feiern bei der Erntekrone das Leben,
alle gleich am Abend wie auch die Franken,
aus dem Bierzelt wanken,
wenn der Kehraus fängt an zu fegen.
Die Luft so leicht, die Herzen so offen,
alle sind willkommen,
es gibt keine Schranken,
wir sind alle gleich besoffen.

Ich lieb die Musik,
die Stimmung und die Leit,
die feiern alle gscheit.

Und schmusen,
dass sie nix reit.

Heit is heit.

Die schönsten Frisuren gepflochten,
mit Blumen in den Zopf gesteckt,
der Balkon in Blusen,
das Mieder geschnürt,
das ich verreck.
Die Schleifn am Schirzl an der richtigen Stell,
dass si koana verduad,
sonst krieg i a Wuat.

Ein Grund, nach Niederbayern zu fahrn,
mit jedem X-beliebigen Karrn,
da kann man ein anders mal sparn.
Diese Tage kosten Geld,
das Gäubodenvolksfest is wert,
immer sein Versprechen hält.
Is es auch heiß, dass durchgschwitzt das Dirndl,
die Lederhosn und das Hemd,
auf dem Kopf bleibt der Hut,
wir schauen sauber aus,
Hauptsache, das steht uns gut.
Und das tuts, fesch beieinand,
da fand sich so manche Hand,
am Arsch, am Busen,
oh mei,
schad wenn die 5. Jahreszeit is vorbei.
Deswegen gemma hi,
so sche wie heit wars no nie.

Des Geibodnfest is so sche,
Juhee!
So manche Liebe, hat sich hier gefunden,
getanzt und verbunden.
Straubing danke für das Fest,
bei dem jeder seine Federn läßt.
Nächstes Jahr samma wieder dabei,
ja mai,
wie i mi da scho gfrei!

BETTINA REICHL
federleicht
POESIE & POETRY

„Sophie mit Carlotta & Alexis"
100 CM X 120 CM

UNGELIEBT

Was is des für a Wort,
das sich in meine Gedanken schiebt?
Ungeliebt.
Von Frauen oft gehasst,
mal sind es Freundinnen,
die keine sind,
mal bei der Arbeit,
die nicht sehn die Arbeit,
die ich verricht,
so gut, so schnell, so fleißig,
sie sehn was,
was is das, schlicht?
Is es was, das zu fassen
mit am Wort,
unfassbar mit dem Verstand,
soll ichs lassn,
zu kappiern?
Es brennt mein Hirn,
es schmerzt mein Herz,
von dem Scheusal,
das so manche praktiziert,
von dem Geschwätz,
geifert, kalter Wind,
dass mich friert.
Intrigen,
hinten rum schlecht reden,
was gibt es denjenigen,
so viel Dreck ist nicht zu fegen.
Da bin ich oft erstaunt.
Immer wieder,
was da so raunt.
Wenn ich über dritte erfahre,
was gesagt,
so dunkel ohne Licht,
jedesmal erneut bemerke, wie es sticht.
Hinten in den Rücken,
vorne in den Bauch,
in den Magen mich haut,
wie mich wer nicht mehr anschaut.
Weil sie sich schämen,
manchmal nur mit dem Anstand der Röte,
im Gesicht,
mir bringt das nicht
ein bissl.
Es brennt wie Nissl,
wie a Watschn,
ins Gesicht,
dass es überrascht,
wie ein Geräusch,
das Wasser in die Augen treibt,
bis man sie wegreibt.
Ungeliebt,
was ist das für ein Wort,
gefühlt an so manchem Ort,
in der Menge so allein,
da möcht ich einfach weg sein.
Ob damals in der Schule,
als ich klein,
auf Festen, die lustig sollten sein,
Feiertage, die schön hätten sein,
können,
waren,
oder nicht.
In mir hochkommen,
in den Knochen stecken wie Gicht.
Gut, dass ich mich selbst liebe,
auf mich achte wenn Diebe,
meine Freude zu stehlen versuchen,
meine gute Laune zertreten wie Kuchen,
mich schneiden,
es ihnen was gibt,
mich zu sehen leiden,
nun gelernt,
wie ich mich schütze.
Mit Liebe,
vor solche Diebe,
mich nicht abgebe,
nicht hinhöre das Gerede,
dort hingehe, wo ich willkommen,
wo ich wahre Freunde gewonnen.
Wo ich leicht bin,
frei bin,
schön bin,
innen leuchte,
mei Licht brennen darf,
scheinen darf,
zurück gelassen die kalten Seelen,
die schimmelnde Wand,

BETTINA REICHL
federleicht
POESIE & POETRY

in der sie atmen,
die süßelnde Luft,
die Feuchte.
Bin dem entronnen,
aufgestanden,
mich abgewendet von denen,
den Bekannten,
die keinen Platz mehr haben,
die keinen Stuhl für mich frei haben,
oder keinen für mich fanden,
dort wo ich sein soll,
ist Platz für mich,
ein Stuhl,
auf den ich mich setze,
der nicht bricht
unter meinem Gewicht.
Ohne Nägel,
der nicht sticht.
Dort wo ich einen Platz habe,
dort kann ich sein,
dort lädt mich ein,
wer mein
Freund oder Freundin
mag sein.
Und daheim.

Es wundern mich jedesmal die Intrigen,
von Menschen, die mir ins Gesicht lachen,
die Lügen, bleischwer,
dass sich die Balken biegen,
dass fast mein Licht ausgeht,
ihr Spiel machen,
interessant, wer dann noch zu einem steht,
oder duckmausert geht.
Schleicht.
Mir ausweicht.
Es reicht.
Genug.
Mit dem Unfug.
Kenn es.
Gesehn.
Erlebt.
Gelebt.
Überlebt.

Das mich nicht mehr aus den Angeln hebt.
Erkenne es nun,
auch bei anderen,
berate sie,
das es nicht so weit kommt,
erkenne die Anzeichen und prompt,
sage ich, was zu tun,
so hatte es den Sinn,
für liebe Menschen um mich rum,
das lässt mich gut ruhen
und wirft die andren nicht aus der Bahn,
werden nicht überfahren,
bleiben heil,
ich halte ihnen das Seil.
Lotse den Weg,
runter vom unwegsamen Gebirge bei Sturm ohne Sicht,
ich weiß,
wer es auch versucht,
keine Chance, dass es bricht.
Mein Glaube,
mein Vertrauen,
das hält,
stabil,
da werdet ihr schauen.
Was das alles hat aus mir gemacht,
ist etwas nie gedacht,
nun so gelacht
mir Freiheit gebracht
zu sagen was ich will,
zu tun was ich kann,
aufrecht zu stehen im starken Wind,
zu tanzen im Regen,
zu lieben, das Leben.

MVP - Ziele federleicht

Sei Dein eigener MVP (Most Valuable Player).
Hinhören und Mut haben, sich selbst wichtig zu sein.

Be your own MVP (Most Valuable Player).
Pep talk for players and non-sport-lovers.

Foto: Lukas Eisinger

WWW.BETTINAREICHL.COM

BETTINA REICHL
federleicht
POESIE & POETRY

© www.BettinaReichl.com

„ZÜRICHSEE"
120 CM X 100 CM

BETTINA REICHL
federleicht
POESIE & POETRY

„Annabelle, Mariella, Victoria & Margareta"
200 CM X 120 CM

„Aurelie, Tilla & Roselotte"
200 CM X 120 CM

BETTINA REICHL
federleicht
POESIE & POETRY

Personalisierte Korrespondenzkarten

Portraits

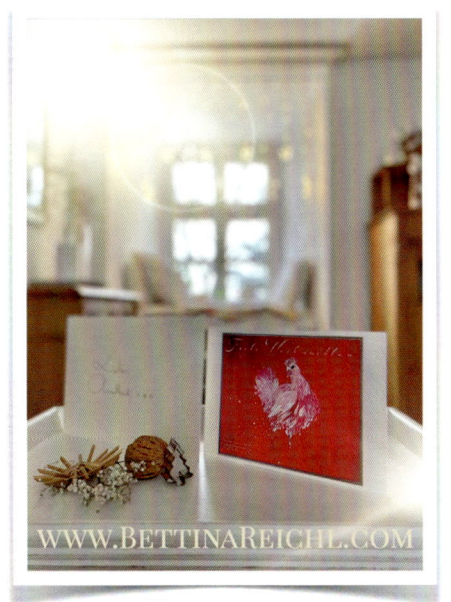

Weihnachtskarten

Personalisierte Poesie

BETTINA REICHL
federleicht
POESIE & POETRY

Porsche Club Magazin schrieb über meine 1. Vernissage und entdeckte mich,
in ewiger Dankbarkeit an Jessica Bachmann und Frank Gindler.
Danke an Uwe Moosburger, der an der Vernissage das Foto schoss,
das für den Artikel verwendet wurde.
Danke an den Künstler Peter Seybold, der mich als
Überraschung als seine Folgeausstellung empfahl.
Danke an meinen Bruder, der alle Gemäldelampen anbrachte.
Danke Papa, der mir alle Bilder mit samt der
2,6 m-hohen Kieferskulptur „Aufrecht stehn" lieferte.
Danke Mama, die mir half, die Bilderfolge auszuwählen.
Danke allen, die bei -11 Grad Celsius anreisten,
gute Stimmung verbreiteten, so dass es ein herrliches Fest wurde,
dem seither viele weitere folgten.

Porsche Club Magazine wrote about my 1st vernissage and discovered me,
in eternal gratitude to Jessica Bachmann and Frank Gindler.
Thanks to Uwe Moosburger, who took the photo at the vernissage
that was used for the article.
Thanks to the artist Peter Seybold, who recommended me as
a surprise as his follow-up exhibition.
Thanks to my brother who put all the painting lamps in place.
Thank you Papa, who delivered all my paintings including the
2.6 m high jaw sculpture „Aufrecht stehn".
Thank you Mama for helping me choose the sequence of pictures.
Thank you to everyone who arrived at -11 degrees Celsius,
spread a good mood, so that it became a wonderful celebration,
which has been followed by many more since then.

B 30591 I 1 – 2016 MÄRZ I EURO 11,–

PORSCHE CLUB
SCHÖNES **ER**FAHREN

PC Life

PORSCHE | MOTORSPORT | LIFESTYLE | REISEN | GOURMET

Porsche Club Deutschland

FINEST ON TOUR | KUNST

Federleicht

TEXTE STEFAN BACHMANN

Eine außergewöhnliche Ausstellung einer jungen Regensburger Künstlerin findet noch bis Ende des Jahres im Künstlerhaus im Andreasstadel Regensburg statt.

Bettina Reichl verbindet realistische Tiermotive mit phantastischen zeitgenössischen Hintergründen. Es fällt gleich auf, dass es vor allem Hühner sind, die die meisten Leinwände zieren. Wie wundervoll individuell diese oft so gering geachteten Tiere sind, zeigt die Künstlerin in ihren Bildern mit den Namen Aurelia, Amalia oder Odette. Beim Betrachten der Gemälde hat man das Gefühl in jedem einzelnen Wesen eine eigene Persönlichkeit, in jeder einzelnen Feder ein individuelles Farbenspiel erkennen zu können.

Federleicht sind nicht nur ihre gefiederten Motive, sondern auch die Frühchen der St. Hedwigsklinik in Regensburg, um die sie sich hauptberuflich kümmert. Einen Teil des Erlöses aus dem Verkauf der Bilder möchte sie der sozial-medizinischen „Bunter Kreis Familiennachsorge KUNO Regensburg" und somit den Frühgeborenen zugutekommen lassen.

Foto: Uwe Moosburger- Altrofoto

Zwischen Utopie und Apokalypse

Zum 100. Todestag des Expressionisten widmet das Museum seinem Namensgeber eine Ausstellungstrilogie mit dem Titel "Franz Marc - Zwischen Utopie und Apokalypse". Drei Hauptwerke Franz Marcs werden 2016 als Leihgaben aus großen Sammlungen in USA und Europa in das Museum in Kochel, und damit in die von Franz Marc besonders geliebte und ihn inspirierende Landschaft (zurück)kommen.

Gemälde: Franz Marc, Weidende Pferde IV, 1911
Öl auf Leinwand, 121 x 188 cm,
Harvard Art Museums / Busch-Reisinger-Museum, Cambridge, USA,
Vermächtnis in Erinnerung an Paul E. und Gabriele B. Geier, President and Fellows of Harvard College

VISIONEN EINES GENIES

Zum 500. Todesjahr von Bosch, dem bedeutendsten mittelalterlichen Maler der Niederlande, präsentiert das Noordbrabants Museum in 's-Hertogenbosch vom 13. Februar bis 8. Mai 2016 die Ausstellung „Jheronimus Bosch - Visionen eines Genies". Noch nie zuvor kehrten so viele Werke von Bosch zurück in seine Stadt 's Hertogenbosch, in der sie einstmals entstanden sind.

Gemälde: Jheronimus Bosch, The Hay Wain, 1510-16, Madrid, Museo Nacional del Prado. With the special collaboration of The Museo Nacional del Prado. Photo Rik Klein Gotink and image processing Robert G. Erdmann for the Bosch Research and Conservation Project.

Foto: Marianne Brandt „Studierender auf einem Atelierbalkon" Bauhaus Dessau um 1928/1929 © VG Bild-Kunst Bonn, 2016

Alles ist Design

Vom 1. April bis 14. August 2016 findet in der Bundeskunsthalle Bonn eine Ausstellung über die wohl einflussreichste Kunst- und Gestaltungshochschule des 20. Jahrhunderts statt: das Bauhaus.
Exponate aus der Bauhaus Ära werden den Werken heutiger Designer, Architekten und Künstler gegenübergestellt.

Möbel: Konstantin Grcic „Pipe Tisch und Stuhl" 2009 Sammlung Vitra Design Museum, Foto: Florian Böhm

Wandbilder, Weltenbilder

Die Schirn Kunsthalle Frankfurt präsentiert vom 26. Februar bis zum 12. Juni 2016 in einer konzentrierten Einzelausstellung einen bislang wenig diskutierten Aspekt im Oeuvre des Katalanen: Mirós Vorliebe für große Formate und seine Faszination für die Wand – als Objekt, das abgebildet wird und zugleich die physische und haptische Qualität seiner Werke bestimmt.

Gemälde: Joan Miró, Figuren, Vögel (Personnages, oiseaux), 28. März 1976, Öl auf Leinwand, 162 x 316 cm, Sammlung Nahmad, Schweiz © Successió Miró / VG Bild-Kunst, Bonn 2016

Baden Baden 2016

Die Berliner Philharmoniker feiern bereits zum vierten Male Osterfestspiele im Festspielhaus Baden-Baden. 2016 steht mit „Tristan und Isolde" die vielleicht bedeutendste Oper des 19. Jahrhunderts auf dem Programm. Wieder wird die ganze Stadt zur Bühne. Über den gesamten Zeitraum des Festivals spielen Kammerensembles und Einzelmusiker des Orchesters an verschiedenen Orten Baden-Badens „Meisterkonzerte". Die große Oper und die Sinfoniekonzerte finden im Festspielhaus statt.
LINKS
http://www.baden-baden.de
http://www.baden-baden.de/veranstaltungen-

BETTINA REICHL
federleicht
POESIE & POETRY

ZAUNKÖNIGLIED

Der Hals der atmet Lebenslust.
Die Nase riecht den Duft der Farben,
die uns umgeben, berühren, laben.

Die Ohren hören Zwischentöne,
was gesagt und was gemeint.
In jedem Fall der Zaunkönig,
der so klein und unscheinbar wie schön,
die Lieder singt, ganz unbeeindruckt
und bleibt da wo er ist,
und fliegt und singt und frisst.

So soll auch unser Mund ein Werkzeug sein,
aus dem das Schöne kommt,
als Melodie die Luft erfüllt,
die Ohren nährt,
das Herz erwärmt.

Denkt an den Zaunkönig und singt
mit voller Kraft,
dass die Luft den Weg vom Mund , Hals und der Nase
in die Ohren schafft,
der Atem ist der Seele Saft.

Der Zaunkönig, weiß das schon lang,
atmet ein und sang.

Hör was er dir riet,
sing auch du dein schönstes Lied.

BETTINA REICHL
federleicht
POESIE & POETRY

„Grace"
120 CM X 100 CM

AND WHEN I DIE

And when I die
I will be old.

And when I die,
I will have sold.

Sold my house,
my car,
my ground.

Sold my gold,
my juwels,
my doubt.

And when I die
I will be light.

And when I die
enjoy the flight.

With the angles
all around
on the earth
I am not bound.

And when I die
I will laugh.

And when I die
stand tall above.

With your head
hold up high,
cause your heart
is not to buy.

And when I die
I will be good.

And when I die
it will be like it should.

Forgive me all I said that hurt
and all the good things, be alert.

And when I die
don't be afraid.

And when I die
it's like get paid.

What you did on earth was good,
we hope we did as much as we could.

And when I die
that is OK.

And when I die,
you don't have to be shy.

That is nature in perform,
same time flowers grow and corn.

Let it be,
how it is.
That is fine.
I am in ease.

BETTINA REICHL
federleicht
POESIE & POETRY

DANKSAGUNG

- Ich danke Hubert Treml für den Satz: „*Das sind keine Lieder, das sind Gedichte.*"
- Ich danke Kerstin Holom für den Satz, als sie die ersten Gedichte las: „*Ich bin so froh, dass sie schön sind und ich nicht lügen brauch.*"
- Ich danke Florian für den Satz: „*Ich werde es nicht lesen. Denk mal an die Leute, die kein rosa mögen.*"
- Ich danke meinem Vater für die Sätze: „*Mir ist die Herleitung nicht ersichtlich, was Gedichte mit Bildern zu tun haben sollen. Das ist für mich, wie wenn Du sagst, ich verkaufe Turnschuhe und die Leute sollen Lust bekommen, einen Porsche zu kaufen, weil der auch sportlich ist.*" und später für den Satz: „*Ein Verlag hat Erfahrung und schätzt einen Gedichtband als nicht lukrativ ein und du hast kein Vertriebssystem.*" und „*Ein Verlag will Profit machen und keiner liest Gedichte. Was kostet der Druck?*" Ich danke meinem Vater für das Holz der Kiefer, die er für mich in unserem Wald gefällt, mit dem Güldner heim gefahren, entkernt und zusammen geleimt hat, dass ich die Skulptur „*Aufrecht stehn*" flexen kann. Ich danke Papa, dass er mein Vater ist.
- Ich danke meiner Mutter für den Satz: „*Es ist ihr Geld. Mit dem kann sie machen, was sie will.*" Ich danke meiner Mutter, die mir schon in der Grundschule beim Frühstück, bevor ich mich auf den Schulweg machte, Blatt und Stift hinlegte, so dass ich noch ein Gedicht über Vögel schreiben konnte. Ich danke Mama, dass sie meine Mutter ist.
- Ich danke meinem Bruder für den Satz, ob es ihm recht ist, dass ich sein 5-seitiges Hochzeitsgedicht „*Mein Bruder*" in den Gedichtband drucke: „*Nein. Eigentlich nicht.*" Ich danke meinem Bruder, der für mich die Holzflexscheibe angepasst hat, dass ich die Kieferskulptur flexen kann. Ich danke meinem Bruder, dass er mein Bruder ist.
- Ich danke Dr. Alfred Leupendeur für die Vorauswahl: „*Deine Gedichte sind wunderbar. Einige bedürfen sicherlich noch der Überarbeitung, wenige kannst Du getrost rausnehmen, viele drücken in lyrischer Tiefe zweierlei aus: Enttäuschung der Liebe und Verzicht. Man spürt förmlich Deine Betroffenheit. Es gibt aber zweierlei Verzicht: der eine nimmt, der andere aber - der Verzicht großer Menschen - der gibt und schenkt und bereichert. Du hast die seelische Tiefe, letzteres zu erleben und zu dichten. Die Gedichte im Umkreis von „Florian" weisen in die richtige Richtung. Sie beschreiben im Ungesprochenen der Sprache Glück und Leid der Liebe. Ich rate Dir also dieses Thema abschließend in einem Loblied auf das Sein, dein Sein, das auch Schicksal genannt wird, zu gestalten. Herzlich, Dein Fredy*"
- Ich danke Dr. Joachim Fuhrmann für den Satz: „*Ich habe sie gelesen. Ich sag nur „Das Reh".*"
- Ich danke Hans Danuser für den Satz: „*Druck es selbst. Du bist echt. Deine Kunst ist echt. federleicht Edition I.*"
- Ich danke Helmut Beermann, dass er an mich glaubt.
- Ich danke Hong Hanh Nguyễn für die Sätze: „*Er tut dir nicht gut, aber man muss ihm eigentlich danken. Ja, man muss ihm schon danken, dass du diese Gedichte über ihn geschrieben hast, die sind so schön.*" und die Bewertung jedes Gedichts: „*man merkt all deine Gefühle. Du hast es so gut beschrieben, so dass ich es mitfühlen konnte ... einiges a bildlich vorstellen konnte wie z. B. Reh. Ich finde es schön, wie es anfängt und wie sich alles entwickelt. Es ist wie ein Roman, welcher als Gedicht geschrieben wird.*"
- Ich danke Nikki Fritz für die Sätze: „*They are strong. They are authentic. They are painful. And they are really quit good.*"
- Ich danke Dr. Bernd Aulinger für die Sätze: „*Sind gut. Bayrisch, englisch und deutsch. Alles auf einmal. So wunderschön ehrlich. Des bist du. Also haus raus. Des is wichtig. Hau sie raus in die Welt.*"
- Ich danke Van Ngoc Duc Huynh für den Satz: „*Du solltest aus dem „Trost" ein Kinderbuch machen mit Illustrationen und wenn ein Kind traurig ist, kann es in dem Buch rumblättern und seinen Trost aussuchen.*"
- Ich danke Pascal Brünner auf: „*Wow, das ist so originell, so hat mich noch nie jemand begrüßt. Ist das von einem Lied? Ist das von „Fettes Brot"? Ich würd dich auch gerne mit deinem Lied begrüßen.*" Er: „*Aber es gibt kein Lied mit dem Namen Pascal.*" Ich: „*Noch nicht. Ich schreib den Text.*"
- Ich danke Phuc Huynh für den Satz: „*Ein mutiges Herz erträgt auch jeden Sturm der Kritik und ertränkt den Schrei der Neider im Meer der eigenen Erkenntnis.*"
- Ich danke Patrizio Di Renzo für das Foto, das mich auf dem Umschlag zeigt, das für mich „*pure Photopoetry*" ist.
- Ich danke Paul Herger, der mich ermutigte das VSAO-Interview aus dem Herzen zu beantworten.
- Ich danke allen meinen Freunden, meine Freunde sind mein Reichtum.
- Ich danke allen, die mich zu einem Gedicht angeregt haben.
- Ich danke Gott, dass er alles in Reimform in mir wandelt.

BETTINA REICHL
federleicht
POESIE & POETRY

„Segne du Maria"
inspiriert von dem Text von Cordula Wöhler und der Musik von Karl Kindsmüller:
Gotteslob. Katholisches Gebet-und Gesangbuch. Ausgabe für das Bistum Regensburg.
Katholische Bibelanstalt GmbH Stuttgart. Verlag Friedrich Pustet Regensburg, 1975. S. 980.
100 CM X 120 CM

BETTINA REICHL
federleicht
POESIE & POETRY

„Maximilian Rosengarten" (I/II)
2 x 100 cm x 120 cm

BETTINA REICHL
federleicht
POESIE & POETRY

„Maximilian Rosengarten" (II/II)
2 x 100 cm x 120 cm